GTB
Gütersloher Taschenbücher
928

Für
Eliane, Maren,
Jonas, Katharina
und all die Kinder,
die mich
mit ihren Fragen
und Weisheiten
beschenkten.

Dorothee Zachmann

Geboren 1967 in Aalen, Diplom-Sozialpädagogin,
verheiratet. Sie hat Zwillingstöchter, einen Sohn mit
Down-Syndrom und eine Stieftochter.

Dorothee Zachmann

Gibt es im Himmel auch Erdbeereis?

Kleine Antworten auf große Kinderfragen

Gütersloher Verlagshaus

Originalausgabe

Die Deutsche Bibliothek – CIP-Einheitsaufnahme

Zachmann, Dorothee:
Gibt es im Himmel auch Erdbeereis? : kleine Antworten
auf große Kinderfragen / Dorothee Zachmann. –
Orig.-Ausg. – Gütersloh : Gütersloher Verl.-Haus, 2000
(Gütersloher Taschenbücher ; 928)
ISBN 3-579-00928-1

Quellennachweis

Seite 10, aus: Wolfdietrich Schnurre, Ich frag' ja bloß,
© Paul List Verlag GmbH, München.
Seite 33, aus: Khalil Gibran, Der Prophet,
© 1973 Walter Verlag, Düsseldorf/Zürich.
Seite 67 (Erich Fromm): © Liepmann AG, Zürich

ISBN 3-579-00928-1
© Gütersloher Verlagshaus, Gütersloh 2000

Umschlaggestaltung: INIT, Bielefeld, unter Verwendung
eines Fotos, © Matthias Kucharz, Aalen
Zeichnungen im Innenteil: Carlo Melis, Waldbronn
Satz: Weserdruckerei Rolf Oesselmann GmbH, Stolzenau
Druck und Bindung: Těšínská Tiskárna AG, Český Těšín
Gedruckt auf chlorfrei gebleichtem Werkdruckpapier
Printed in Czech Republic

Inhalt

Vorwort

Kennen Sie das? Ihr Kind stellt Ihnen eine Frage über Gott und Sie müssen erst einmal schlucken, ausweichen und zur Seite schauen, weil Sie einfach keine Antwort parat haben. Mir ist es jedenfalls mit meinen Kindern öfter so ergangen.

Ich selbst bezeichne mich zwar als gläubig, doch lebe ich meinen Glauben nicht, indem ich regelmäßige Kirchgängerin oder engagierte Gemeindemitarbeiterin bin.

Als meine Kinder anfingen, ihre Fragen über Gott und die Welt zu stellen, erlebte ich diese Fragen immer mehr als Bereicherung, drängten sie mich doch dazu, mir meine Art zu glauben und mein Gottesbild bewußter anzuschauen. Ich möchte sie nicht missen, all die vielen kleinen und großen Gespräche mit den Kindern, die sich daraus ergaben.

Immerzu staunte ich – und tue es noch – über die natürliche Selbstverständlichkeit, mit der meine Kinder an dieses doch so heilige Thema herangehen. Das gefällt mir sehr!

Und so machte ich mich auf, andere Kinder in Kindergärten und Grundschulen zu »interviewen«, um mir ein Stück von dieser wunderbaren Unbefangenheit der kleinen Menschen abzuschauen.

Ich war verblüfft, welch geistreiche Weisheiten die Kinder zum Besten gaben und möchte einige davon hier weitergeben.

Dieses Buch ist gedacht für Erwachsene, die sich den Kinderfragen stellen wollen. Es soll eine Hilfe sein, mit Kindern über Gott zu reden, und einladen, mit ihnen gemeinsam auf eine Entdeckungsreise in Sachen Glauben zu gehen.

In einer konsum- und leistungsorientierten Zeit wie der unseren, finde ich es zunehmend wichtiger, Kindern zu vermitteln, daß es außer Geld und Erfolg noch mehr gibt, wofür es sich lohnt zu leben und was unserem Dasein einen Sinn gibt.

Ich wünsche mir, daß dieses Buch dazu beiträgt, Kinder mit ihren Fragen ernstzunehmen und zusammen mit ihnen zu erleben, wie bereichernd es ist, Gott in den Familienalltag und in das Kinderzimmer hineinzulassen.

Pfinztal, im November 1999

Wenn kleine Menschen große Fragen stellen ...

Gedanken über eine zeitgemäße religiöse Erziehung

> Wir verlangen, das Leben müsse einen Sinn haben
> – aber es hat nur ganz genau so viel Sinn,
> als wir selber ihm zu geben imstande sind.
>
> *Hermann Hesse*

Wenn ich vom Glauben an Gott spreche, dann meine ich damit jenes Vertrauen dahinein, daß es im Leben und für die ganze Welt mehr an Sinn und Tiefe gibt, als man selbst sehen und erfassen kann.

Glaube heißt für mich auch, die Gewißheit zu haben, daß ich gewollt und angenommen bin.

Unter religiöser Erziehung verstehe ich nicht, das Kind mit Gebeten und Bibelgeschichten zu »füttern« und es sonntags pünktlich in den Kindergottesdienst zu schicken, sondern ihm tagtäglich zu zeigen, wer ich selbst bin und was mir für mein Leben wichtig ist. Dazu gehört für mich ein liebevoller Umgang mit mir selbst, mit anderen Menschen, mit der (Um-)Welt und mit Gott. Gebete, Geschichten und Lieder können wunderschöne Werkzeuge dabei sein, den Kindern diese Liebe zum Leben zu vermitteln.

Dieses Buch hat nicht den Anspruch, perfekt richtige Antworten zu liefern. Es soll vielmehr zum Nachdenken über wichtige Fragen und den Umgang mit denselben anregen. Es kann Anstöße für eigene Antwortvarianten bieten und zeigt auf, wie es möglich ist, Gott in den Alltag zu holen. Vor allem möchte es einladen, mit den Kindern der Fährte des geheimnisvollen Lebens zu folgen und sich mit ihnen auf »himmlische« Erlebnisse einzulassen.

Hast du ne Ahnung,
was ma hier soll?
Wo?
Na, uffe Welt.
Logisch: Großwer'n.
Und denn?
Verdien.
Für wen?
Für deine Kinder.
Und was soll'n die?
Verdammt.

Wolfdietrich Schnurre

Kindliche Neugier macht vor nichts halt

Es liegt in der Natur des Menschen, nach dem Sinn des Seins zu fragen. Und das tun nicht nur wir Erwachsenen, sondern auch bereits Kinder. Sobald sie fähig sind, mit Sprache umzugehen, fangen sie an zu fragen und zu hinterfragen. Sie wollen die Welt begreifen und verstehen lernen, mit allem, was in ihr ist und was über sie hinaus geht. Kinder machen vor nichts halt und kennen keinen Unterschied in der Wertung zwischen alltäglichen Themen und solchen, die in den Bereich des Glaubens übergehen. Ihre Neugier reicht von Fragen zum Ablauf des Lebens »Mama, hast Du auch eine Mama?«, über sogenannte Sachfragen »Warum hat ein Igel Stacheln?« bis hin zu Glaubensfragen »Wer hat die Welt erfunden?«.

Dabei sind alle Themen für sie von gleicher Wichtigkeit und Brisanz und werden zum Teil in den Ebenen ihres Bezugs vermischt. So fragen sie z. B. in einem Atemzug: »Welcher Dinosaurier ist eigentlich der stärkste von allen und sind Engel noch stärker als der?« Kinder fragen auch dann nach Gott, wenn sie das Wort Gott gar nicht gebrauchen: »Papa, wie weiß ich, ob ich glücklich bin?« , »Warum gibt es Krieg auf der Welt, wenn keiner ihn haben will?« oder »Mama, glaubst Du, im Himmel kann man auch Fahrrad fahren?«.

Für Kinder ist dieser Moment der richtige Zeitpunkt

Kinder warten nicht ab, bis der Rahmen und die Situation vielleicht gegeben sind, um über die großen Fragen der Menschheit zu philosophieren. Sie stellen ihre Fragen prompt und unmittelbar, wie sie ihnen gerade in den Sinn kommen. Ich war und bin immer wieder darüber verblüfft und gerührt zugleich, wie meine Töchter in ihrer kindlichen Natürlichkeit aussprechen, was sie gerade beschäftigt. Da kommen manchmal in den unpassendsten Augenblicken Fragen, die mir angesichts der Situation schon einige Male peinlich waren, und die mich auf der Suche nach einer Antwort ganz schön ins Schwitzen brachten:

»Mama, warum hat Gott den Mann da drüben so dunkel gemacht?« fragte Maren mich als Fünfjährige in der Straßenbahn und zeigte auf einen Farbigen, der uns gegenüber saß.

»Weil dem Gott seine Lieblingsfarbe bunt ist! Deswegen sind auch die Chinesen gelb und die Indianer sind rot, und die Neger in Afrika braun, und du und ich und alle in unserer Familie, wir sind so hell auf der Haut«, kam mir ihre Zwillingsschwester Eliane zuvor.

Abgesehen davon, daß ich erleichtert über diese unerwartete Hilfestellung war, fand ich die Antwort gar nicht schlecht. Der Mann uns gegenüber vermutlich auch nicht, denn er lächelte amüsiert und warf mir einen freundlichen Blick zu.

Voll ins Schwarze getroffen

Daß es uns Erwachsene oftmals irritiert und verunsichert, wenn Kinder nach Gott fragen, liegt aber nicht nur daran, daß wir unvorbereitet und spontan reagieren sollen, sondern auch daran, daß uns diese Kinderfragen an einem zutiefst intimen Punkt berühren.
Das Wort »Gott« kann die unterschiedlichsten Gefühle in uns wachrufen. Eigene Kindheitserinnerungen tauchen auf,

vielleicht sogar äußerst unangenehme. Denn nicht selten wurde Gott als »der alles Sehende« dargestellt, im Sinne eines verlängerten Armes der elterlichen Erziehung.

So haben wir vielleicht ein Gottesbild als Kind entwickelt, das uns Angst machte, das uns ständig vor Augen hielt, wie böse und ungezogen wir doch seien und das uns ein schlechtes Gewissen als ständigen Begleiter einbrachte.

Und so mancher hat sich aufgrund dieser religiösen Erziehung später vielleicht ganz von Gott und/oder der Kirche abgewandt.

Kann man Gott einfach weglassen?

Um den eigenen Kindern eine solche Erfahrung zu ersparen und um selbst nicht wieder von dieser Vergangenheit eingeholt zu werden, versuchen manche Eltern, das Thema Gott auszuklammern oder zu umgehen.

Das funktioniert aber nicht lange, denn das Kind lernt mit zunehmendem Alter andere Lebensformen kennen.

»Am Tisch heute beim Peter haben alle die Hände so zusammengelegt, die Augen zugemacht und den Kopf runtergehängt. Dann hat seine Mama gesagt: Danke, Gott, für das Essen!, und dann haben wir losgemampft. Aber ich versteh das nicht! Wieso bedankt sich Peters Mama für Spaghettis, die sie doch selber gekocht hat?«

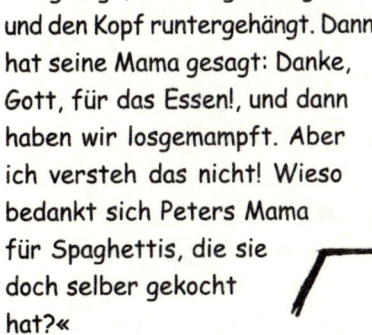

An Festen, wie Ostern und Weihnachten, oder auch im Kindergarten werden Kinder mit Gott und Religion konfrontiert.

Außerdem können sie überall oft gedankenlos dahergesagte Aussprüche hören, wie: »Mein Gott nochmal!«, »Um Gottes Willen!« oder »Gott sei Dank!«.

Sicherlich können viele Fragen der Kinder auf einer rationalen Ebene beantwortet werden, aber Kinder verstehen mehr mit dem Herzen und der Seele als mit dem Kopf.

Sie spüren, daß es Fragen gibt, bei deren Beantwortung Eltern sich schwer tun. Und sie spüren auch, daß das Leben Geheimnisse in sich birgt, die keine eindeutigen Antworten zulassen.

Aber genau diese Fragen beschäftigen sie sehr und sie wollen nicht mit einer knappen und vielleicht ausweichenden Antwort abgespeist werden.

»Warum müssen die Menschen sterben?« oder »Wo leben die Toten?« sind beispielsweise Fragen, die auf einen religiösen Ursprung hinführen. Da reicht es sicher nicht aus, zu antworten: »Die Menschen müssen sterben, wenn sie alt sind« und »die Toten werden in der Erde begraben, sie leben dann nicht mehr.« Damit geben sich Kinder, wenn überhaupt, nur kurzfristig zufrieden.

Richtig oder Falsch gibt es nicht!

Ich glaube, daß Kinder eine ganz natürliche Beziehung zu Gott haben, auch wenn sie nicht religiös erzogen werden. Sie spüren, daß es da etwas Größeres geben muß, das unserem Leben einen Sinn gibt und ich meine, sie haben ein

Recht darauf, mit dieser Idee ernst genommen zu werden.
»Mama, mein Leben ist so hundertmillionenschön!«
Dabei denke ich, ist es in erster Linie völlig unwichtig, welcher Religionszugehörigkeit oder Konfession die Eltern angehören, oder ob sie überhaupt selbst gläubig sind. Es geht schließlich nicht um die Frage nach dem »richtigen« Glauben – wer könnte schon behaupten, ihn gefunden zu haben?! Ich meine, es geht vielmehr darum, die Kinder in diesem Prozeß der Auseinandersetzung mit Gott zu begleiten, sie darin zu bestärken, sich Gedanken über die Welt zu machen, und ihnen hierfür Wegweiser zu sein.

Kinder haben ein Recht auf ihre Fragen und ein Recht darauf, daß wir sie ernst nehmen. Wir sind aufgefordert, ihnen unser eigenes Bild vom Glauben, von unserer persönlichen Beziehung zu Gott, zu schildern und sie daran teilhaben zu lassen; mit allen Zweifeln, Unsicherheiten und eigenen offenen Fragen.

Die Glaubensentwicklung des Kindes

> Der Glaube an einen Gott ist Instinkt,
> er ist dem Menschen natürlich
> so wie das Gehen auf zwei Beinen.
>
> *Georg Christoph Lichtenberg*

Parallel zu seiner psychischen und körperlichen Entwicklung reift auch stetig das religiöse Denken und Erleben des Kindes. Sein Gottesbild ist einem ständigen Wandel unter-

worfen, je mehr das Denken des Kindes sich entwickelt
und es die Welt verstehen lernt.

Erstes Lebensjahr

Der Säugling lernt ausschließlich über Sinneswahrnehmun-
gen (senso-motorische Intelligenz). Mit Augen, Ohren, Haut,
Fingern und Zunge be-greift und er-tastet er sich die kleine Welt um ihn herum, die für ihn nur aus den Dingen zu
bestehen scheint, die ihn momentan umgeben.
Die ersten Monate nach der Geburt sind vor allem durch die
bedingungslose Liebe der Eltern geprägt. Der Säugling ist
angenommen, so, wie er ist. Er spürt die Freude der Eltern
darüber, daß es ihn gibt. Es werden keine Gegenleistungen
von ihm erwartet. Die Eltern sorgen für das Baby, schützen
es, schenken ihm Aufmerksamkeit und Zärtlichkeit. Das Kind
fühlt sich eins mit den Eltern (in erster Linie mit der Mutter)
und der Welt und braucht noch keinen Gott.
Erst, wenn das Kind die Erfahrung des Getrenntseins von
den Eltern macht, erlebt es Angst vor dem Verlassenwer-
den. Nun spürt es auch die Sehnsucht nach Nähe und Geborgenheit und macht eine für das weitere Leben ganz
wesentliche Entwicklung: das Vertrauen bildet sich.
Zunehmend muß das Baby lernen, Trennungszeiten von
den Eltern zu ertragen. Den damit verbundenen Schmerz
kann das Kind nur förderlich in seine Persönlichkeitsent-
wicklung integrieren, wenn es wiederholt die Erfahrung
machen kann, daß die Eltern zuverlässig wiederkommen.
Mit dieser Vertrauenserfahrung ist auch der Grundstein für
die religiöse Entwicklung gelegt.

Im Alter von etwa acht Monaten kann das Baby »ich« und »du« voneinander trennen. Es erlebt sich nun selbst als Mittelpunkt in einer Welt von anderen. Da das Kind jetzt die Menschen um es herum zu differenzieren lernt, bekommt es Angst vor nicht vertrauten Menschen und beginnt zu »fremdeln«.

Die Angst reduziert sich auch hier, wenn das Kind spürt, daß keine Gefahr von dem Unbekannten ausgeht und es wiederum die Erfahrung macht, bei Mutter und Vater geborgen zu sein. Sie sind sozusagen die ersten »Götter«.

Zweites bis viertes Lebensjahr

Das mythologisch-symbolische Denken entwickelt sich. Das Kind hat eine reiche Phantasie, braucht aber noch die Hilfe der Erwachsenen, um die vielen Eindrücke von außen verarbeiten und einordnen zu können.

Die Sprache entwickelt sich immer mehr und bietet dem Kind Tag für Tag neue Möglichkeiten, mit seinem Umfeld in Kommunikation zu treten. Dies ist auch die Phase der vielen Was- und Warum-Fragen, die selbst die ausgeglichensten Eltern an den Rand ihrer Gelassenheit bringen können.

Kinder in diesem Altersabschnitt brauchen und lieben Rituale. Alles, was sich wiederholt und von Neuem beginnt, vermittelt Sicherheit und Geborgenheit.

In diesem Lebensabschnitt sind die Kinder auch sehr empfänglich für die sichtbaren Zeichen des elterlichen Glaubens. Gerne singen und beten sie mit den Großen und hören Geschichten oder lassen sich vorlesen.

Etwa ab dem zweiten Lebensjahr entwickeln die Kleinen den Drang, selbständig zu werden. Sie sind auf die Eltern angewiesen und wollen sich dennoch gleichzeitig von ihnen distanzieren. Die Kinder entdecken sich selbst nun als eigenständige Personen, wenn auch noch abhängig von den Großen. »Nein!« und »Ich will aber nicht!« sind nun absolute Lieblingsaussagen, die in dieser Phase der Abgrenzung sehr wichtig sind, auch wenn sie die Eltern furchtbar nerven können.

Fünftes bis sechstes Lebensjahr

Das anschauliche Denken entwickelt sich. Das Kind beginnt, sich an der Wirklichkeit zu orientieren, begreift Zusammenhänge und lernt mehr und mehr, die Welt um sich herum zu differenzieren. In diesem Abschnitt steht der Körper und seine Entwicklung ganz stark im Vordergrund (das eigene Geschlecht entdecken und Sätze wie »Schau mal, was ich schon alles kann!«). Das Kind sucht und braucht die Anerkennung und Bestätigung der Erwachsenen. Durch Grenzüberschreitungen fordert es die Eltern oft heraus, sich ihm gegenüber eindeutig zu positionieren.
Es lernt nun zunehmend, sich nicht mehr ausschließlich als »Nabel der Welt« zu verstehen. In der Familie, im Kindergarten und im Wohnumfeld ist es mit sozialen Herausforderungen konfrontiert: z. B. muß es sich in Rücksichtnahme, Verzicht, Konfliktbewältigung und Selbstbehauptung üben. Das Gottesbild, welches bisher von anderen übernommen und meist einen liebenden und schenkenden Gott zum Inhalt hatte, wandelt sich nun etwas.

Es kommt eine Version hinzu: die von dem Gott, der Leid, Krankheit und Traurigkeit zuläßt. Beide Gottesvorstellungen stehen nun nebeneinander, erscheinen rätselhaft und unbegreiflich.

Zu diesem Zeitpunkt ist es ganz besonders wichtig, daß die Eltern auf die Fragen der Kinder eingehen und mit ihnen über Glaubensdinge reden. Denn das Kind steht nun an dem Punkt, zu begreifen, daß alles zwei Seiten hat, alles »gut *und* böse« ist.

Siebtes bis zehntes Lebensjahr

Das Kind ist in der Schule und nun ganz neuen Herausforderungen ausgesetzt: Fleiß, Leistung und Stolz, aber auch Minderwertigkeitsgefühle und Versagen »stehen auf dem Stundenplan«.

Das logisch-konkrete Denken entfaltet sich. Somit wird das Kind fähig, sich über seine erlebte Welt hinaus Vorstellungen zu machen, auch über Gott. Es wird fähig, zwischen dem, was es weiß, und dem, was erzählt wird, zu unterscheiden und sich darüber eigene Gedanken zu machen.

Alles, was das Kind hört, wird wörtlich verstanden und so interpretiert, außerdem hinterfragt und mit eigenem Erlebten abgeglichen. Für das Kind ist es nun ganz wichtig, alles Scheinbare vom Wirklichen zu trennen.

Das Thema Tod bekommt eine neue Faszination und dementsprechend fragen Kinder darüber und machen sich ihre Gedanken dazu.

»Ist Onkel Heinrich gestorben, weil er immer so gemein war?«

Manchmal verstehen Kinder den Tod als unmittelbare Handlung (Strafe) Gottes. Dann ist es wichtig, daß Eltern dem entgegenwirken, sonst läuft das Kind Gefahr, das Gelingen oder Scheitern des Menschen unmittelbar auf strafende oder belohnende Absichten Gottes zurückzuführen.

Da die Bibel in einer symbolischen Sprache geschrieben ist, und Kinder diesen Alters dazu neigen, alles wörtlich zu nehmen, bedarf es der Unterstützung der Erwachsenen, wenn es darum geht, den Sinn biblischer Geschichten zu erfassen. Auch hier ist das gemeinsame Gespräch hilfreich und gut.

Gott in der kindlichen Vorstellung

> Was Gott an und für sich ist,
> wissen wir so wenig als ein Käfer weiß,
> was ein Mensch ist.
>
> *Huldreich Zwingli*

Gott – fast Mensch wie du und ich

Gott ist zunächst für Kinder nichts Heiliges, das man nur mit sprachlichen Samthandschuhen anfassen darf. Gott ist ihnen nicht mehr, aber auch nicht weniger wert als die Mutter, der Vater und der Freund von nebenan. Er gehört ganz selbstverständlich dazu und wird deshalb nicht anders »behandelt«.

Kinder drücken ihre Freude über Gott aus, aber auch ihren Ärger über ihn. Und diese verschiedenen Gefühle bringen sie spontan und »ungeschminkt« in ihrem kindlichen Gebet zum Ausdruck:

»Lieber Gott, ich find's toll, daß du die Oma wieder gesund gemacht hast! Jetzt kann sie wieder mit mir spielen und basteln.«

Oder eben:

»Hey, Gott, ich find's echt blöd von dir, daß du es heute hast regnen lassen, obwohl du doch genau wußtest, daß ich Geburtstag habe. Jetzt mußten wir alle Spiele im Haus machen, das war echt gemein von dir!«

Diese Aussagen verdeutlichen auch, daß Kinder Gott unmittelbar auf ihr eigenes Leben beziehen und für alles verantwortlich machen.

Gott wie Luft – unsichtbar und überall

Kinder haben eine blühende Phantasie. Sie kennen logisches zeitliches und räumliches Denken noch nicht so wie wir Erwachsenen. Deshalb können sie sich die Allgegenwart Gottes auch so gut vorstellen, bzw. erklären:

»Gott wohnt nirgends, der ist immer gleichzeitig da auf der ganzen Welt. Weil er so groß ist, paßt er ja auch in kein Haus rein. Aber er kann sich auch ganz klein machen, weil sonst könnte er ja nicht verstehen, wenn ein kleines Kind ihm was sagen will!«

Mit dieser »Erkenntnis« erklärte mir meine damals knapp sechsjährige Tochter Eliane die Allgegenwart Gottes. Ich war erstaunt angesichts soviel Weisheit.

Ein Gott mit guten Ideen

Kinder wollen und brauchen einen Gott »zum Anfassen«, und keinen, der nur sonntags in der Kirche anzutreffen ist oder unerreichbar weit weg im Himmel wohnt. Es leuchtet ihnen ein, daß Gott nicht sichtbar ist, dennoch können sie ihn erkennen in all den vielen kleinen und großen Wundern unserer Erde, für die die Kleinen einen weitaus besseren Blick haben, als wir Großen, für die alles rational erklärbar und vieles selbstverständlich ist.

Maren (7 Jahre) machte eine weitausladende Geste, als wir spazieren gingen und sagte mit einem wonnigen Seufzer: »Mama, ich finde, der liebe Gott hat sich das Alles so toll ausgedacht. Der hatte echt coole Ideen! Am besten gefallen mir die vielen verschiedenen Tiere. Vor allem die Marienkäfer mit ihren Punkten auf dem Rücken und die lustigen Schmetterlinge mit den bunten Mustern. So was Schönes!«

Kinderfragen als Chance

Bevor man weiß, wohin man will,
muß klar sein, woher man kommt
und wo man steht.

Leo Bernardis

Den Blick auf mich selbst richten

Was uns Erwachsene im Umgang mit Fragen der Kinder verunsichert, die sich auf den Glauben beziehen, birgt auch gleichzeitig eine wunderbare Möglichkeit in sich: durch das Sich-den-kindlichen-Fragen-stellen können wir den eigenen Glauben bewußt anschauen und auf seine für uns eigene »Stimmigkeit« hin überprüfen.
»Mama, wer ist eigentlich Gott?«
Wir können somit die Herausforderung annehmen, eine »Bilanz in Sachen Glauben« zu ziehen.

Reise in die Vergangenheit

Dazu kommen wir nicht umhin, uns auf den Weg der Erinnerungen einzulassen, um uns noch einmal die eigene religiöse Erziehung vor Augen zu halten.

- Mit welchem Gedankengut bin ich aufgewachsen?
- Wie wurde mit meinen Fragen zu Gott umgegangen?
- Was haben mir meine Eltern vorgelebt?
- Welches Gottesbild hatte ich als kleines Kind und wie hat es sich gewandelt?

- Wie habe ich den Glauben erlebt?
- Welche Personen und Erfahrungen haben meinen Glauben am meisten geprägt?

Und Heute?

Nun können sich folgende Fragen anschließen:
- Wo stehe ich heute mit meinem Glauben?
- Wie lebe ich ihn?
- Welche Werte sind mir für mein Leben wichtig?
- Welche Rolle spielt Gott in meinem Leben?
- Was löst bei mir Befangenheit aus, über dieses Thema nachzudenken oder zu reden?
- Welchen Sinn sehe ich in meinem Leben?
- Was bedeutet mir die Kirche?

Auf die religiöse Erziehung meines Kindes bezogen, stellen sich mir folgende Fragen:
- Lasse ich mein Kind taufen?
- Wie gestalte ich religiöse Erziehung?
- In welchen Kindergarten schicke ich mein Kind?
- Soll es in der Schule am Religionsunterricht teilnehmen?
- Welche Glaubensinhalte und -formen vermitteln mein Partner, die Großeltern und andere für das Kind wichtige Beziehungspersonen?
- Soll es in den Kindergottesdienst gehen?

Wenn wir uns selbst in diesen Punkten klarer geworden sind, fällt es uns viel leichter, mit den Fragen unserer Kinder umzugehen.

Ich persönlich habe diesen Prozeß der Orientierung als sehr bereichernd empfunden, und bin dankbar dafür, daß ich durch meine Kinder und deren Fragen so manchen Impuls bekam, mich meiner Art zu glauben bewußt zuzuwenden.

Jede Frage ist wert, gestellt zu werden

> Es gibt nur zwei unverwüstliche Dinge,
> die wir unseren Kindern hinterlassen können:
> nämlich Wurzeln und Flügel.
>
> *Hodding Carter*

Kinder sind wahre Künstler im Umgang mit Offenheit

Es gibt keine überflüssigen oder gar dummen Fragen, schon gar nicht, wenn sie sich auf den Sinn des Lebens beziehen. Kinder sind noch nicht so »verbildet«, wie wir Erwachsenen und kennen kaum – je nach unserem Einfluß – Tabus, einschränkende Normen und mißbilligende Moral. Sie gehen mit ihrer kindlichen Neugier und ihrem Wissensdurst zunächst auf wunderbar ungelenkte Weise um. Kinder kennen den Begriff der Scham noch nicht. Deshalb fragen sie ungeniert und unbekümmert. Sie nehmen kein Blatt vor den Mund und nennen die Dinge beim Namen.

»Papa, hast du auch gehört, wie der Mann da gerade gepubst hat?«

Wenn Gott überall und jederzeit da ist, dann gehört er auch ins Kinderzimmer. Deshalb gehören auch die Fragen der Kinder dazu, überall und jederzeit. Kinder sollen fragen dürfen, sollen spüren können, daß wir Eltern und andere Erwachsene sie in ihrem kindlichen Glauben ernst nehmen.

Darüber hinaus, denke ich, sollten wir Kinder auch dazu ermutigen, Fragen zu stellen und ihnen das Gefühl vermitteln, daß es gut und wichtig ist, sich seine eigenen Gedanken im Leben zu machen. So natürlich auch über Gott.

Kinder können, wenn auch altersgemäß beschränkt, ihre Erfahrungen und Erlebnisse reflektieren und sie in einen größeren Zusammenhang stellen, so daß Gott für sie kein wirklichkeitsfremder Begriff sein muß.

In unserer heutigen Welt, in der Leistungsdruck und Reizüberflutung an der Tagesordnung sind, brauchen wir selbstbewußte Kinder. Selbstwertgefühl und Selbstvertrauen entwickeln sich unter anderem dadurch, daß Kinder sich aufgehoben fühlen können, geliebt werden für das, was sie sind, und nicht das, was sie sein sollen. Somit setzt die Entwicklung zu einem stabilen Selbstvertrauen auch voraus, Kinder ernst und wichtig zu nehmen, mit allen Fragen, die sie an das Leben stellen.

Eltern und Erzieher als Vorbild

Wie Eltern in ihre Kinder hineinschauen,
so schaut es aus den Kindern heraus.

Angelika Glöckner

Taten sind wichtiger als Worte

Kinder lernen und verstehen durch Beobachtung, Nachahmung und eigene Erfahrungen. Dies gilt auch für den Bereich des Glaubens. So orientieren sie sich weniger an dem, was gesprochen und erklärt wird, sondern vielmehr an den Taten der Großen. Sie beobachten und nehmen auf, wie die Eltern und andere Erwachsene sich im Umgang mit sich selbst und anderen verhalten.

Hier lernen Kinder das »ABC« für das Vertrauen, die Liebe, die Lust, die Zärtlichkeit, die Hoffnung und das Mitgefühl. Sie erhalten eine »Gebrauchsanweisung« für den Umgang mit Leid, Angst, Trauer und Schmerz.

Wenn ein Kind spürt, daß die Eltern es lieben, fühlt es sich angenommen und geborgen. Es wächst mit dem Gedanken auf: **Es ist gut, daß ich da bin!**

Das Kind kann dann auch glauben, daß es von Gott geliebt ist.

Erfahrung ist wichtiger als Wissen

So sind wir Erwachsenen aufgefordert, Kinder an unserem Prozeß und unserem Denken in bezug auf Gott teilnehmen zu lassen. Da sich die Kinder an den Erwachsenen orientieren, brauchen sie auch in Glaubensthemen von uns die Bereitschaft, sich ihnen zu öffnen.

»Warum gehen die Meiers jeden Sonntag in die Kirche und wir nur ab und zu?«

»Mama, im Kindergarten sagt die Frau D. immer was von Christen. Bin ich auch so einer?«

Oftmals fürchten wir die kindlichen Fragen zu diesem Bereich, weil wir selbst vielleicht nicht klar für uns definiert haben, wie und was wir glauben. Wir sind möglicherweise unsicher, was unsere Antworten anbelangt, weil wir den Anspruch haben, »richtig« und eindeutig Stellung zu beziehen.

Aber es gibt hier keine perfekten Antworten!

Das sollte uns eher entlasten und uns mutiger werden lassen, den Kindern unsere Art zu glauben anzuvertrauen.

Zweifel benennen ist wichtiger als steife Beharrlichkeit

Lernen in bezug auf Glauben geht nur, indem wir Kindern vermitteln, was unser ganz persönliches Bild von Gott ist, und darauf aufmerksam machen, daß dies nicht der Weisheit letzter Schluß ist. Wir können nicht alles wissen, schon gar nicht, was die Fragen zu Gott anbelangt. Aber darin genau liegt meiner Meinung nach ja auch die Chance, uns mit den Kindern auf eine Ebene zu stellen und ihnen zu vermitteln, daß auch wir Suchende sind. Daß wir zwar Gedanken und Vorstellungen haben, von dem einen oder anderen Punkt auch felsenfest überzeugt sind, aber letztlich keine Sicherheit und keinen Beweis aufbringen können, daß es auch tatsächlich so ist.

Es ist keine Schwäche, zuzugeben, eindeutige Antworten nicht zu kennen, sondern es zeugt von Stärke, Kindern gegenüber klar zu machen, daß wir Erwachsenen auch oft unsicher sind. Hier müssen wir unsere eigenen Grenzen anerkennen und sie benennen.

Offenheit ist wichtiger als ein Patentrezept

Es ist eine wunderbare Möglichkeit, mit Kindern gemeinsam auf Antwortsuche zu gehen. Abgesehen davon, daß Kinder wahre Meister im Philosophieren und im Aufzeigen von Erkenntnissen sind, nehmen wir ihnen durch das Miteinandersuchen auch das oft unbewußte Gefühl, uns Großen gegenüber minderwertig zu sein.

Wenn wir Kindern unseren Glauben vorleben, meine ich nicht, daß wir ihnen zeigen sollen, wie glauben »richtig« geht. Es ist nur eine von vielen Möglichkeiten, nämlich unsere.

Auch Eltern, die den Glauben an Gott für sich ablehnen, können Kindern gegenüber deutlich machen, daß diese Entscheidung nicht für das Kind gelten muß. Dies geht jedoch nur im offenen Gespräch darüber, und ich glaube, das ist das Allerwichtigste.

Wenn das Kind spürt, daß wir ihm Raum lassen für eigene Gedanken, Vorstellungen und Ideen, dann fühlt es sich ernst genommen und hat alle Voraussetzungen, seinen Glauben wachsen zu lassen.

Das Vorleben bietet Kindern die Möglichkeit, sich daran zu orientieren, mit anderem Erlebten zu vergleichen und zu verstehen, daß jeder Mensch für sich eine Entscheidung treffen muß, wie und was er glauben möchte.

Darüber erhalten Kinder auch die Erlaubnis, ihren eigenen Weg in Sachen Glauben zu suchen.

Wir können Kindern »die Nadeln und die Wolle« in die Hand geben, ihnen auch eine Anleitung zeigen, aber sie selbst sind es, die dann »zu stricken« beginnen und ihre eigenen Muster entwerfen.

Glaube ist nichts Festgefahrenes. Glaube ist wandelbar und immer wieder neuen Herausforderungen und Krisen unterworfen. Auch das dürfen Kinder erfahren. Wir Menschen sind ewig Suchende, oftmals Zweifelnde, und können dennoch vermitteln, daß der Glaube uns Halt und Vertrauen schenken kann.

Kinder, die von klein auf eingeladen sind, ihre Fragen zu Gott zu stellen und denen Glaube vorgelebt wird, haben es später leichter, ihren eigenen Weg in dem Labyrinth der vielen Angebote auf dem Markt der Spiritualität zu finden.

Und wie darüber reden?

Ich werde meinen Kindern mitteilen,
wie ich über die Dinge denke,
aber nicht erwarten,
daß sie die gleiche Meinung haben.

Jonathon Lazear

Ein Heiligenschein ist nicht vonnöten

In erster Linie, denke ich, ist die Natürlichkeit und Zwanglosigkeit das Allerwichtigste. Es müssen nicht erst Kerzen angezündet, die Hände gefaltet oder ein Kniefall gemacht werden, bevor das Wort »Gott« ausgesprochen werden darf. Nicht wunde Knie machen die Ehrfurcht, sondern das Erleben und Sich-bewußt-machen, daß Gott da ist und ein liebender Gott ist.

Wenn wir mit Kindern über den Glauben reden, sollten wir dabei berücksichtigen, was sie in ihrem Alter schon verstehen können und womit sie überfordert sind.

Ein paar Tips, die hilfreich sind:

- *Kindgerechte Sprache:* den Inhalt in Worte und Sätze packen, die das Kind kennt und versteht.
- *Beispielhaftes Reden:* Kinder brauchen Bilder, um Zugang zum Gesprochenen zu finden. An einem Beispiel oder einer Geschichte können wir deutlich machen, was gemeint ist.
- *Persönlicher Bezug:* nicht Abstraktes benennen, sondern von eigenen Erfahrungen erzählen, die persönliche Sichtweise dazu schildern.
- *Frage zurückgeben:* entweder vor oder nach der eigenen Antwort, kann man zurückfragen: »Was meinst du denn selber dazu?« So sind Kinder aufgefordert, selbst aktiv nach einer Antwort zu suchen und fühlen sich ernst genommen. Oftmals ist es erstaunlich, welche Weisheiten sie dann zum Besten geben.
- *Abwägen der Dimension:* sicher ist es wichtig, sich Zeit für das Gespräch oder die Antwort zu nehmen, aber das Kind sollte nicht mehr zu hören bekommen, als es im Moment will und fähig ist aufzunehmen.

Unbedingt beachten:

- *Das Recht der Kinder auf Antwort:* Oftmals fragen Kinder in Situationen, in denen uns das Antworten nicht möglich ist. (Wer kennt sie nicht, die Fragen während der Hektik kurz vor dem Aufbruch oder inmitten eines überfüllten Wartezimmers, in dem peinliches Schweigen herrscht?)

Doch auch in diesen Momenten ist es wichtig, auf die Frage einzugehen, und sei es durch eine Antwort, wie etwa: »Ich finde deine Frage wichtig, aber im Moment kann/will ich sie nicht beantworten, weil ... Laß uns darüber reden, wenn wir wieder Zuhause sind.«

Somit fühlt sich das Kind nicht abgefertigt und kann die Frage an anderer Stelle erneut aufgreifen. Tut es das nicht, können wir es daran erinnern. Vielleicht ist das Thema dann aber nicht mehr wichtig und sollte dann auch von uns nicht forciert werden. Das läßt sich überprüfen, in dem wir z.B. sagen: »Du hast mir vorhin eine Frage gestellt, die ich da nicht beantworten konnte. Wenn du magst, kann ich dir jetzt sagen, was ich dazu denke«.

Eure Kinder sind nicht eure Kinder.

Es sind die Söhne und Töchter von des Lebens
Verlangen nach sich selber.

Sie kommen durch euch, doch nicht *von* euch;

Und sind sie auch bei euch, so gehören sie
euch doch nicht.

Ihr dürft ihnen eure Liebe geben, doch nicht
eure Gedanken,

Denn sie haben ihre eignen Gedanken.

Ihr dürft ihren Leib behausen, doch nicht ihre
Seele,

Denn ihre Seele wohnt im Hause von Morgen,
das ihr nicht zu betreten vermöget, selbst
nicht in euren Träumen.

Ihr dürft euch bestreben, ihnen gleich zu werden,
doch suchet nicht, sie euch gleich zu machen.

Denn das Leben läuft nicht rückwärts, noch
verweilet es beim Gestern.

Ihr seid die Bogen, von denen eure Kinder als
lebende Pfeile entsandt werden.

Der Schütze sieht das Zeichen auf dem Pfade
der Unendlichkeit, und Er biegt euch mit Seiner
Macht, auf daß Seine Pfeile schnell und weit fliegen.

Möge das Biegen in des Schützen Hand euch
zur Freude gereichen;

Denn gleich wie Er den fliegenden Pfeil liebet,
so liebt er auch den Bogen, der standhaft bleibt.

Khalil Gibran

»Wer ist eigentlich Gott?«

Gott wäre etwas gar Erbärmliches,
wenn er sich in einem Menschenkopfe
begreifen ließe.

Christian Morgenstern

Gott ist diejenige Person,
die ich absolut brauche,
um zu begründen,
warum es mich gibt.

Eugen Drewermann

Für die Eltern:

Diese Frage zu beantworten, fällt sicherlich keinem leicht.
Dennoch ist es eine ganz wesentliche Frage. An dieser Stelle
ist es besonders wichtig, daß wir als Eltern unsere persönliche Sicht- und Denkweise über Gott dem Kind mitteilen.
Denn hier geht es nicht um Wissen, das man weitergeben
kann, sondern um eigene, ganz persönliche Erfahrungen.

Für mich ist Gott in erster Linie ein Gott der Liebe und kein
uns stets mit »Argusaugen« beobachtender und strafender
Gott. Er ist ein Gott, der mir Hoffnung und Zuversicht für
mein Leben gibt. Ein Gott, der mir Zufriedenheit und Freude
schenkt. Ein Gott der Vergebung und des Trostes.
Der Glaube an Gott verleiht mir Mut und Kraft, meinen
Weg zu gehen. Er hilft mir, Leid und Schmerz zu ertragen
und zeigt mir die Möglichkeit, daran zu reifen. Gott ist für
mich die Quelle allen Lichts, das mein Leben erhellt. Er

segnet mich und sagt Ja zu mir. So kann auch ich mich annehmen und Liebe weitergeben.

Für die Kinder:

Gott ist der, der alles geschaffen hat. Auch dich und mich. Deshalb liebt er uns auch und möchte, daß wir glücklich sind. Er ist immer bei uns, obwohl wir ihn nicht sehen können. Gott bietet uns seine Freundschaft an und schenkt uns Freude und Glück. Wenn wir an ihn glauben, können wir spüren, daß er uns Halt und Kraft für unser Leben gibt.

Lieber Gott
Danke, daß es dich gibt.
Danke, daß du alle Menschen liebst.
Danke, daß du bei mir bist.

Ein Faden führt nach oben

Es war ein wunderschöner Frühlingsmorgen. Alle Tiere genossen die Stille und Kühle des beginnenden Tages und freuten sich ihres Daseins. So auch die kleine Spinne.
Sie saß ganz hoch oben in der Spitze eines Baumes. Sie reckte und streckte ihre acht Beine nach der langen Nacht und lief den dicken Ast entlang, auf dem sie gesessen hatte.
Etwa in der Mitte angekommen, hielt sie inne und ließ sich behutsam an einem seidenglänzenden Faden, den sie selbst wob, hinabgleiten. Als der Faden

schon fast einen Meter lang war, verharrte sie wiederum und ließ sich sanft vom Wind daran hin- und herschaukeln.

»Ja, dies ist eine prima Stelle!« freute sich die kleine Spinne und begann, ihr Netz zu bauen. Sie kletterte eifrig zwischen den Zweigen, zog silberne Fäden hinter sich her und verknüpfte sie geschickt miteinander, so daß ein stabiles und kunstvolles Werk entstand. Am Abend war sie mit ihrer Arbeit fertig und ruhte sich aus. Das Netz war wunderschön geworden und glitzerte in der Abendsonne. Es war eng und fest gesponnen und hing an dem einen Faden, der nach oben führte. Zufrieden betrachtete sie ihr Werk.

»Das ist mir wirklich gut gelungen!« lobte sie sich selbst, bevor sie einschlief. Am anderen Tag und alle Tage danach sollte sich zeigen, daß sie wirklich gute Arbeit geleistet hatte. Es verfingen sich kleine Fliegen und Käfer in ihrem Netz, gerade soviele, wie sie brauchte, um satt zu werden.

Die Spinne war sehr zufrieden mit ihrem Leben. Sie saß oft am Rand ihres Netzes, lugte zwischen den Blättern des Baumes der Sonne entgegen und freute sich, daß es sie gab.

Eines Tages jedoch geschah etwas Furchtbares.

Als die Spinne einmal wieder dabei war, ihr Netz zu kontrollieren und kleine Risse auszubessern, entdeckte sie, daß ein besonders starker Faden von dem Netz abging und nach oben ins Nichts führte.

Sie hatte längst vergessen, daß dies der Faden war, an dem ihr gesamtes Netz hing.

»Seltsam!« dachte die kleine Spinne. »Dieser Faden
führt zu keinem Zweig und zu keinem Blatt. Er
scheint einfach so ins Leere zu gehen. Er gehört gar
nicht hier her, ich brauche ihn nicht.« Und sie zwickte
den Faden ab.

Kaum war der Faden durchgebissen, fiel die Spinne
auch schon mitsamt ihrem Netz herunter auf den
Boden. Während des Fallens verheddterte sich die
Spinne in den klebrigen Fäden und war nun in ihrem
eigenen Netz gefangen.

Zum Glück kam gerade eine Ameise des Wegs, die
die Hilferufe der Spinne vernahm. Sie befreite sie aus
ihrer mißlichen Lage. Anschließend fragte die Ameise
die Spinne:

»Was ist bloß passiert, daß du dich in deinem eigenen Netz verfangen hast?«

Da erzählte die Spinne der Ameise ihre Geschichte.
»Ich hatte ganz vergessen, daß dieser eine Faden ja
der wichtigste für mein Netz war, weil es an ihm hing.
Ich hätte besser auf ihn achten sollen«, schloß sie
ihre Erzählung.

»Ja, du hast recht!« erwiderte die Ameise. »Aber nimm
es nicht so schwer, sondern lerne daraus. Wenn du dir
wieder ein Netz baust, dann wirst du wohl mehr acht
geben auf den Faden, der am wichtigsten ist.«

Und mit diesen Worten verabschiedete sich die
Ameise. Die kleine Spinne aber, die ihrer neuen
Freundin noch einmal Dankeschön sagte, kletterte
wieder auf den Baum, bis hoch in die Spitze, und
machte sich erneut an die Arbeit, ein Netz zu bauen.

Gott zu erklären, ist nicht leicht, weil er viel mehr ist, als wir Menschen begreifen können. Aber wir können beschreiben, wie Gott auf uns wirkt, wenn wir ihn in unser Leben lassen:

Gott ist wie Mutter und Vater, die ihr Kind bedingungslos lieben.

Gott ist wie die Sonne, die uns Licht und Wärme gibt.

Gott ist wie das Wasser, das uns so herrlich erfrischt.

Gott ist wie die Erde, die uns reichlich ernährt.

Gott ist wie die Wurzel, die dem Baum festen Halt gibt.

Gott ist wie die Luft, die wir zum Atmen brauchen.

Gott ist wie ein Boot, das Platz für alle Menschen hat.

Gott ist wie ein Haus, das dem stärksten Beben standhält.

Gott ist wie die Farben, die unser Leben bunt machen.

Gott ist wie ein Orchester, das uns mit Musik verwöhnt.

Gott ist wie eine Blume, deren Duft uns verzaubert.

Gott ist wie eine Hand, die uns zärtlich streichelt.

Gott ist wie ...

Wie würdest du Gott beschreiben?

Welche Vergleiche fallen dir ein?

»Gott
ist die Mitte
von meinem Leben!«

Miriam, 7 Jahre

»Gott ist der,
der alle Menschen
in seiner Hand hält.
Naja, nicht wirklich,
aber im Gefühl!«

Eliane, 8 Jahre

»Wo wohnt denn der liebe Gott?«

Es gibt etwas, was man an einem einzigen Ort in der Welt finden kann. Es ist ein großer Schatz, man kann ihn die Erfüllung des Daseins nennen. Und der Ort, an dem dieser Schatz zu finden ist, ist der Ort, wo man steht.

Martin Buber

Wer Gott will finden doch,
der muß ihn mit sich bringen;
nur, wenn er ist in dir,
siehst du ihn in den Dingen.

Friedrich Rückert

Für die Eltern:

Kinder meinen mit der Frage, wo Gott wohnt, auch oft: Wo ist Gott für mich zu finden? Wie kann ich mit ihm rechnen?

Gott ist an keinen Raum gebunden und deshalb sprechen wir von seiner allumfassenden Wirklichkeit. Das wiederum soll bedeuten, daß alles durch ihn und mit ihm ist. Nichts kann ohne ihn sein, und deshalb ist er überall für uns zu finden. Er ist uns überall und jederzeit nahe (wenn wir ihn nur nicht übersehen).

Der christliche Glaube sagt: Gott ist im Himmel.

Leider gibt es im Deutschen nur ein Wort für Himmel. Im Englischen gibt es zwei Begriffe: »sky« ist der Himmel, an dem die Wolken ziehen und mit »heaven« ist jener Himmel gemeint, der die Gemeinschaft mit Gott zum Ausdruck bringen soll. Und damit ist wiederum nicht ein bestimmter Ort gemeint, sondern vielmehr: da, wo Gott ist, ist der Himmel!

Fälschlicherweise wird mit dem Begriff Himmel auch immer wieder eine Raumangabe, nämlich oben, verstanden. Diese aber schränkt ein, weil sie das »unten«, das »hier« und »dort« ausschließt.

Mit dem Begriff Himmel ist jedoch der Zustand des Glücks in Gott gemeint, und den kann es auch hier auf Erden unter uns Menschen geben.

Für die Kinder:

Gott ist überall zu finden. Er ist bei uns, bei dir und mir. Er wohnt nicht in einem Haus, aber er ist bei allen Menschen Zuhause.

Gott ist hier mitten unter uns, nur können wir ihn nicht sehen. Aber wir können seine Gegenwart dann ganz deutlich spüren, wenn wir mit ihm reden und wenn wir anderen Menschen unsere Liebe zeigen.

Wenn wir von diesem herrlichen Gefühl des Glücks mit Gott sprechen, dann sagen wir: »Ich fühle mich wie im Himmel!« Damit ist nicht der Himmel über uns mit den Wolken gemeint, sondern unsere Freundschaft mit Gott.

Guter Gott
wenn du überall bist,
dann bist du auch immer bei mir.
Das finde ich schön,
denn dann fühle ich mich nie allein.

Wo fängt das Reich Gottes an?

In einem Kloster, das auf einem Berg lag, wohnten viele
Mönche. Zwei von ihnen waren besonders miteinander
befreundet und von ihnen handelt diese Geschichte.
Die beiden Mönche diskutierten jeden Tag darüber, wo sie
Gott finden könnten, wo er wohl wohne und wo sein
Reich anfinge. Es war ihnen sehr wichtig mit diesen Fragen
und sie suchten vergeblich nach Antworten. Auch die an-
deren Mönche, die sie befragten, wußten keinen Rat.
Eines Tages, als sie in der großen Bibliothek des Klosters
studierten, entdeckten sie eine Stelle in einem dicken
Buch, die genau auf ihr Suchen zugeschnitten war.
Dort stand:
*Es gibt einen Ort, am Ende der Welt, wo sich der Himmel
und die Erde berühren. An diesem Ort beginnt das Reich
Gottes. Hinein führt eine Tür, an der man nur anzuklopfen
braucht, so wird sie einem geöffnet. Und kaum eingetreten,
befindet man sich mitten in Gottes Reich.*
Die beiden Mönche waren außer sich vor Freude, hatten
sie doch endlich die Antwort gefunden, nach der sie so
lange suchten. Sie beschlossen sogleich, am nächsten Tag
aufzubrechen, um diesen Ort und jene Tür zu finden.
So verabschiedeten sie sich am Morgen darauf von ihren
Klosterbrüdern und gingen ihres Weges.
Sie wanderten durch fremde Länder, erlebten viele
Abenteuer und mußten so manche Gefahren bestehen.
Manchmal waren sie knapp davor, aufzugeben und umzu-
kehren. Aber die Hoffnung, das Reich Gottes doch noch
zu finden, ließ sie neuen Mut schöpfen und gab ihnen die

Kraft, erneut aufzubrechen. Und eines Tages war es tatsächlich soweit.

Sie hatten die ganze Welt umwandert, als sie fanden, wonach sie so lange gesucht hatten.

Sie klopften an die Tür und sahen mit größter Aufregung, wie diese sich langsam öffnete.

Sie traten ein – und standen wieder zu Hause in ihrer Klosterzelle, von wo aus sie vor vielen Jahren die Reise begonnen hatten.

Nun könnte man meinen, daß die beiden Mönche sicher enttäuscht waren. Aber das war nicht der Fall.

Sie sahen sich an und lachten aus tiefstem Herzen. Sie hatten begriffen, daß das Reich Gottes dort anfängt, wo man selbst steht. In diesem Moment und genau an diesem Ort! Gott hatte sie auf ihrer langen Reise geführt, die keineswegs umsonst war. Er hatte ihnen gezeigt, wo er für jeden Menschen zu finden sei: nämlich genau an dem Platz, an den Gott ihn auf Erden gestellt hatte.

Nun brauchten die beiden Freunde nicht länger nach Gott und seinem Reich zu suchen, denn sie waren mitten darin.

Anregung

Wo ist dein Platz auf Erden?
Wo fängt für dich das Reich Gottes an?
Nimm ein großes Blatt Papier und zeichne dich selbst in die Mitte. Nun ziehe einen Kreis um dich herum. Er soll für die Menschen stehen, die dir am nächsten sind: deine El-

tern und Geschwister. Dann kannst du einen etwas größeren Kreis um den ersten ziehen. Er soll für die Menschen in eurer Nachbarschaft stehen. Und so kannst du immer mehr Kreise ziehen. (Freunde, Schule, Verwandtschaft, ...)
Wenn du magst, kannst du alle Namen der Menschen, die zu dem jeweiligen Bereich gehören, dazuschreiben.
Du wirst staunen, wie viele Leute da zusammenkommen werden!
Und du hast einen Platz mitten unter ihnen!

»Gott wohnt im Himmel.
Da lebt er gemütlich
wie ein König,
nur hat er kein Schloß,
sondern hat sich
die schönste und weichste Wolke
für sich ausgesucht!«

Sebastian, 5 Jahre

»Gott ist einfach überall:
über mir und unter mir,
um mich rum und in mir drin,
gut, was?
Gott kann sich so groß und so klein machen,
wie er will.
So groß, daß er in den ganzen Himmel paßt
und so klein, daß er sich
in einer Blume verstecken kann.
Und wenn ich dann an der Blume rieche,
dufte ich nach Gott!«

Eliane, 7 Jahre

»Hat der liebe Gott eine Krone auf dem Kopf?«

... zu lieben
einen Menschen heißt:
Das Antlitz Gottes seh´n.

Victor Hugo

Man kann nicht mehr leben
von Eisschränken, von Politik,
von Bilanzen und Kreuzworträtseln.
Man kann es nicht mehr.
Man kann nicht mehr leben
ohne Poesie, ohne Farbe,
ohne Liebe.

Antoine de Saint-Exupéry

Für die Eltern:

Die Frage nach Gottes »Aussehen« wird uns wahrscheinlich immer ein Schmunzeln entlocken. Ich denke, wir sollten sie nach dem Beantworten an das Kind zurückstellen und ihm seine Gottesvorstellung lassen. Frühestens Schulkinder ab 8/9 Jahren sind in der Lage, Gott nicht als Person zu sehen.

Für die Kinder:

Ich weiß nicht, wie Gott aussieht und auch kein anderer Mensch weiß es. Denn noch niemand hat Gott gesehen. Aber wir machen uns eigene Vorstellungen und Gedanken dazu. Die können sehr unterschiedlich sein, wie eben auch wir Menschen verschieden sind.
Fest steht, daß wir Gott mit unseren Augen nicht wirklich sehen können. Aber wir können ihn in unseren Herzen spüren.

46

Lieber Gott
Ich weiß nicht genau,
wie du aussiehst, aber eins glaube ich sicher:
du lächelst sehr freundlich.

Seltsame Fragen

Frau Lehnert, die Religionslehrerin, teilt Blätter aus.
»Heute wollen wir uns einmal mit einer ganz ausgefallenen Sorte von Fragen beschäftigen,« sagt sie mit einem geheimnisvollen Schmunzeln.
Die Kinder sehen sie verwundert an.
»Wer liest denn mal die erste Frage vor, die auf dem Blatt steht?«
Conni liest: »Welche Farbe hat der Duft von Tulpen?«
»Häääh??« Die Kinder rümpfen die Nasen und schütteln verdutzt den Kopf.
»Na? Wer will antworten?« fragt Frau Lehnert.
Stefan sagt: »Das geht doch gar nicht! Ein Duft hat doch keine Farbe, der stinkt doch nur!« Die Kinder lachen.
»Genau!« stimmt die Lehrerin zu und verkneift sich ein Grinsen. »Markus, lies du bitte weiter.«
»Wieviele Meter mißt ein Weihnachtslied?«
Wieder großes Gelächter. »Warum lacht ihr denn?« fragt Frau Lehnert, die selbst mitlachen mußte.
»Na, weil doch ein Lied überhaupt nicht lang ist, naja, manchmal schon, aber doch keine Meter lang, sondern 'ne halbe Stunde oder so!« antwortet Lisa.

»Ja, du hast Recht!« nickt Frau Lehnert grinsend.
Maria, magst du weiterlesen?«

»Welches Geräusch macht die Zahl 47?«

Die Kinder prusten laut los.

»Das ist ja totaler Quatsch!!« ruft Björn. »Als ob eine
Zahl piepsen könnte, oder so was!« Wieder lachen
alle Kinder.

Frau Lehnert wartet, bis sich das Gekicher etwas gelegt hat und sagt dann:« Ok, laßt uns spaßeshalber
noch die letzten drei Fragen lesen und ihr überlegt dabei, warum ihr eigentlich so lachen müßt bei all diesen
Fragen, ok? Susanne, lies bitte vor.«

»Wonach schmeckt viertel vor drei?
Wann feiert ein Lagerfeuer seinen Geburtstag?
Wieviel kosten acht Kilo Witze?«

Die Kinder halten sich inzwischen schon die Bäuche
vor Lachen. Frau Lehnert lacht mit, und als es allmäh-
lich wieder ruhiger wird, sagt sie:

»So. Das waren ja nun wirklich sehr komische Fragen.
Laßt uns nun mal überlegen, was an ihnen so seltsam
war. Ja, Toni?«

»Da war alles komisch!! Witze wiegen doch nicht acht
Kilo! Oder ein Feuer hat doch nicht Geburtstag! Da
paßt ja gar nichts zusammen!«

»Genau, das gibt's doch gar nicht« ruft Michi dazwi-
schen. »Sonst könnt ich ja auch fragen, wie hoch die
Tafel da vorne hüpfen kann!«

Wieder schallendes Gelächter.

»Ja, ihr habt das ganz gut verstanden! Hier wurde nach
Dingen gefragt, die nicht zusammenpassen. Sie haben

keinen Bezug zueinander, deshalb kann man solche Fragen nicht beantworten.

Eine Uhrzeit hat nun mal keinen Geschmack und Zahlen machen keine Geräusche.

Von dieser Sorte könnten wir jetzt noch ganz viele Fragen sammeln, aber ich denke, ihr habt den Sinn, oder besser den Unsinn dieser Fragen bereits kapiert. Ich habe euch diese Blätter mitgebracht, weil ich euch an ihnen etwas klar machen wollte:

Am Ende der letzten Stunde kam hier die Frage auf, wie Gott wohl aussieht. Ich sagte, damit würden wir uns heute beschäftigen, erinnert ihr euch?«

Die Kinder nicken.

»Nun, das ist auch so eine Frage, die nicht wirklich beantwortet werden kann.«

Frau Lehnert macht eine längere Pause, um den Kindern etwas Zeit zum Nachdenken zu lassen, bevor sie fragte:

»Hat jemand von euch eine Idee, weshalb?«

Nach einem Moment des Zögerns meldete sich Tina. »Ich glaube, man kann nicht sagen, wie Gott aussieht, weil ihn noch niemand gesehen hat«, gab sie zur Antwort.

»Ja, das ist richtig!« lobte sie die Lehrerin. »Und weshalb ist die Frage an sich schon falsch gestellt?«

Eine Weile schauten sie 40 Kinderaugen verständnislos an. Doch plötzlich regte sich etwas in der Klasse und Simon, der sich zuerst meldete, gab zur Antwort:

Naja, die Frage ist deshalb so komisch, weil Gott gar nicht irgendwie aussieht. Der hat ja keinen Körper, so

wie wir. Oder wie ein Tier oder sonst irgendwas.
Hmm, Gott sieht wahrscheinlich einfach gar nicht aus.
Der ist halt nur!«

»Das hast du uns gut erklärt! Danke, Simon! Möchte
noch jemand etwas dazu sagen?«

Marlene meldet sich: » Ja, ich will noch was sagen! Der
Gott sieht deshalb nach Nichts aus, weil er was ist,
was man fühlen kann und nicht sehen. Aber in einem
drin, ganz tief, da weiß man: das ist Gott!«

Anregung

Mache dir doch zusammen mit deinen Eltern und/oder
Freunden Gedanken darüber, wie Gott »aussehen« könnte,
also, wie wir Menschen ihn spüren und erleben können, da
wir ihn ja nicht sehen können. Z. B.:
Ich kann Gottes Nähe spüren, wenn

… ich bei Mama oder Papa auf dem Schoß sitze, wir uns
ganz doll drücken und ich die Liebe fühlen kann.

… ich auf einen Baum klettere und mir von dort oben die
schöne Welt ansehe, die Gott gemacht hat.

… ich zu ihm spreche und ihm von meinen Sorgen und
Freuden erzähle.

… ich abends ganz erschöpft in mein kuscheliges Bett
schlüpfe und denke: »Das war ein toller Tag!«

»Gott sieht aus wie ein Mensch.
Aber er kann sich verwandeln wie ein Chamäleon.
Wenn ich mit ihm spreche,
hat er so eine helle Hautfarbe wie ich.
Wenn ein Negerkind mit ihm spricht, wird er ganz braun
und wenn ein Chinese zu ihm betet, dann wird er ganz schnell
gelb. Außerdem kann er alle Sprachen auf der Welt,
damit er alle Menschen verstehen kann,
auch die Babies, die ja nur babbeln.«

Maren, 6 Jahre

»Gott hat einen roten Rock an
und so ein schwarzes Kreuz auf seinem Mantel.
Wie ein Bischof sieht er aus.
Aber er hat nicht so 'ne komische Mütze auf,
sondern einen Kranz aus Gold überm Kopf!«

David, 6 Jahre

»Warum kann man Gott nicht sehen?«

Man sieht nur mit dem Herzen gut. Das Wesentliche ist für die Augen unsichtbar.

Antoine de Saint-Exupéry

Das schönste Glück des denkenden Menschen ist, das Erforschliche erforscht zu haben und das Unerforschliche ruhig zu verehren.

Johann Wolfgang von Goethe

Für die Eltern:

Kinder stellen sich Gott meist als eine Person vor. Er ist aber kein begrenzter Raum, der einen Anfang und ein Ende hat. Dennoch ist er uns nahe und das macht ihn so persönlich.

Wenn wir lernen, nicht alles, was uns umgibt, als selbstverständlich hinzunehmen, sondern den Dingen und Erlebnissen einen tieferen Sinn zu geben, dann können wir Gott darin sehen.

Für die Kinder:

Gott kann man deshalb nicht sehen, weil er keinen Körper hat, so, wie wir Menschen. Er ist auch kein Tier, kein großer Baum, kein Stern oder sonst etwas, das wir mit den Augen sehen können. Weil Gott dies alles ja geschaffen hat, ist er anders und mächtiger.

Manchmal ist es schwer zu verstehen, daß Gott da ist, obwohl wir ihn doch nicht sehen können. Menschen, Tiere,

Pflanzen und Sachen können wir sehen und anfassen. Aber es gibt auch Dinge, die da sind, obwohl wir sie nicht sehen und berühren können, zum Beispiel die Wärme der Sonne oder die Luft zum Atmen. Wir können sie jedoch spüren, und so ist es auch mit Gott.

Guter Gott
Schade, daß ich dich nicht sehen kann.
Aber ich kann dich spüren,
und dir ganz nahe sein,
wenn ich mit dir spreche.

Der Mann und das Reh

Ein Mann hatte bei einem Waldspaziergang ein junges Rehkitz entdeckt, dessen rechtes Hinterbein in einer Falle klemmte.
Die Wunde sah schlimm aus, blutete stark, und das Tier machte insgesamt schon einen sehr schwachen Eindruck.
Der Mann hatte Mitleid mit dem Reh, befreite es und brachte es zum örtlichen Tierarzt. Dieser gab dem Kitz eine Betäubungsspritze, richtete den Knochenbruch und nähte die Wunde wieder zu.
Der Mann nahm das verletzte Tier mit zu sich nach Hause und versorgte es gut. Das Reh, das anfangs sehr scheu war, wurde etwas zutraulicher und der Mann hatte es bald ins Herz geschlossen.
Das Tier kam wieder zu Kräften, konnte kurze Zeit

später auch wieder aufstehen, zog aber beim Laufen das rechte Hinterbeinchen etwas nach.

Nach ein paar Wochen jedoch, als nur noch eine kleine Narbe und ein leichtes Hinken von dem Unfall zeugten, entschloß er sich, das Reh wieder in die Freiheit zu geben.

Er brachte es an die Stelle im Wald, wo er es gefunden hatte. Als ob das Tier die Situation verstanden hatte, hüpfte es ins Gebüsch und war verschwunden. Schweren Herzens sah der Mann ihm nach und ging dann nach Hause. Da seine Hütte direkt am Waldrand stand, hoffte er, das Tier würde wieder zu ihm zurückkommen, aber es blieb aus.

Er streute Futter vor sein Haus, um das Reh anzulocken und rief mehrmals nach ihm. Doch es kam nicht wieder.

Als es schon spät war und die Nacht hereinbrach, gab der Mann das Warten auf und ging schlafen.

Am anderen Morgen sah er, daß das Futter aufgefressen war. Sein Herz tat einen Sprung vor Freude. Er lief um das Haus herum, rief wieder nach dem Reh, doch es war nirgends zu sehen.

Als er abends von seiner Arbeit nach Hause kam, streute er wieder Futter aus, rief nach dem Reh und wartete. Doch es kam nicht.

Da ging der Mann schlafen. Am nächsten Tag war das Futter wieder weggefressen.

So ging es nun einige Wochen. Inzwischen wurden die Tage kürzer und die Nächte kälter. Der Winter stand bevor.

Der Mann streute noch immer jeden Abend das Futter aus und freute sich am nächsten Tag darüber, daß nichts mehr davon übrig war.

Seine Freunde fragten ihn: »Woher willst du denn wissen, daß dein Reh das Futter gefressen hat? Es könnte doch auch ein anderes Tier gewesen sein!«

Doch der Mann ließ sich nicht beirren.

»Manche Dinge fühlt man, die braucht man nicht zu sehen!« antwortete er und war fest davon überzeugt, daß sein Reh ihn jede Nacht besuchen kam.

Eines Morgens erwachte der Mann und dachte bereits beim ersten Augenaufschlag, daß irgendetwas anders sei, als sonst. Sein Zimmer erschien ihm heller als gewöhnlich.

Ein Blick aus dem Fenster verriet ihm, daß es über Nacht angefangen hatte zu schneien, und nun lag eine dicke weiße Schicht auf dem Wald.

Und er sah noch etwas anderes, was sein Herz vor Freude höher schlagen ließ: das Futter war wie jeden Morgen gefressen.

Aber heute sah er zum ersten mal Spuren im Schnee: eindeutig die Spuren von seinem Reh, denn der unregelmäßige Abdruck verriet das hinkende Bein.

Anregung

Gott selbst ist zwar für uns unsichtbar, aber er hinterläßt Spuren. Begebe dich doch einmal auf Spurensuche. Was könnten Spuren und Zeichen Gottes sein?

Vielleicht

- die schillernde Erscheinung eines Regenbogens
- die Kreise eines ins Wasser geworfenen Steines
- das Lied eines Vogels
- der Duft einer Blume
- der Tanz der Wolken am Himmel
- ...

»Wenn man Gott sehen könnte,
würden unsere Augen platzen,
weil er soooooooo groß ist!«

Michi, 4 Jahre

»Gott kann man nicht sehen,
weil er durchsichtig ist.
Aber man kann ihn spüren:
wenn bei uns der Wind weht,
dann hat Gott uns was zu sagen.
Der Wind ist nämlich sein Botschafter,
der flüstert einem dann was ins Herz rein.
Das kann man nur in sich drinnen hören,
nicht mit den Ohren, wie sonst!
Aber da muß man trotzdem ganz leise sein,
sonst kann man nix verstehen.«

Eliane, 7 Jahre

»Hört mich der liebe Gott auch wirklich, wenn ich bete?«

Du betest
in deinem Schmerz und
in deiner Not;
mögest du auch in der Fülle
deiner Freude und
in den Tagen des Überflusses
beten.

Khalil Gibran

Bestimmte Gedanken
sind Gebete.
Es gibt Augenblicke, in denen –
wie immer die Haltung
des Körpers auch ist –
die Seele auf den Knien liegt.

Victor Hugo

Für die Eltern:

Durch das Gebet bringen wir zum Ausdruck, daß Gott nicht von irgendwo unbeteiligt unserem Leben zuschaut, sondern mitten unter uns ist.

Durch das Beten machen wir uns auch bewußt, daß wir uns nicht selbst genügen, daß es eine höhere Macht gibt, die uns trägt: Gott.

Wir nehmen uns durch das Gebet selbst aus dem Mittelpunkt, in den wir uns so gerne stellen.

Wenn Sie mit Ihrem Kind beten, wird es Vertrauen zu Gott entwickeln, und Sie haben ihm damit ein großes Geschenk gemacht: ein Freundschaftsband eingefädelt auf Lebenszeit – und darüber hinaus.

Beten Sie mit Ihrem Kind, wie es Ihnen beiden gefällt. Sprechen Sie frei und lassen Sie das Kind Bitten und Dank mit seinen eigenen Worten sagen.

Entdecken Sie die vielen Möglichkeiten zu beten. Ein Gebet ist kein trocken vorgebrachter Vers, sondern ein Erleben mit Leib und Seele. Ich meine, wir brauchen nicht zu »wissen«, wie wir zu beten und uns zu besinnen haben. Wir brauchen lediglich ein bewußtes Bemühen, uns für all das zu öffnen, was kommen wird.

Wenn Sie auswendig gelernte Texte aufsagen, sollten Sie darauf achten, daß diese Gebete »mitwachsen«, sonst fängt das Kind möglicherweise an zu leiern.

Achten Sie auch darauf, daß Sie Formulierungen, wie etwa: »Gott, gib den Armen Essen und Kleidung!« ersetzen durch: »Gott, hilf uns, zu lernen, besser miteinander zu teilen, so daß immer weniger Menschen auf der Welt Hunger und Not leiden müssen.« Sonst wird Gott in der kindlichen Vorstellung vielleicht zu einem »himmlischen Wunschautomat«.

Für die Kinder:

Ja, Gott hört deine Gebete jederzeit und überall. Du kannst ihm alles anvertrauen, was dich bedrückt, und kannst jede Freude mit ihm teilen.

Weil er dich liebt, ist er sehr interessiert an dir und ein guter Zuhörer. Ihm kannst du alles sagen.

Das Beten ist wichtig, weil du Gott dann nicht vergißt. Du schenkst ihm deine Aufmerksamkeit und fühlst dich ihm ganz nahe. So bleibt eure Freundschaft lebendig.

Wenn wir beten, dürfen wir nicht gleichzeitig erwarten, daß Gott uns unsere Wünsche und Bitten erfüllt, so, wie wir uns das vorstellen. Gott hat seinen eigenen Plan und manchmal verstehen wir ihn nicht. Aber wir dürfen darauf vertrauen, daß Gott es immer gut mit uns meint und uns nicht vergißt.

Lieber Gott
Danke, daß du mir zuhörst,
wenn ich dir von meinem Kummer,
meinen Ängsten und meinem Ärger erzähle.
Danke, daß du dich mit mir freust,
wenn ich dir erzähle, wie gut es mir geht.
Danke, daß ich dir alles sagen kann.

Die Gebete des Mannes in Not

Ein frommer Mann wohnte in einem Tal auf dem Land. Er versuchte, stets nach Gottes Willen zu leben.

Eines Herbstes regnete es mehrere Tage hintereinander über dem Tal, so daß es zu einer Überschwemmung kam.

Als das Wasser so hoch war, daß der Mann nicht mehr zur Türe hinauskonnte, nahm er seine wichtigsten Sachen und brachte sie vom ersten in den zweiten Stock seines Hauses.

Doch der Regen hörte nicht auf, und so kletterte der Mann bis hoch auf das Dach.

Da kam ein Rettungsboot. Die Helfer boten an, den Mann in Sicherheit zu bringen, doch er schickte die Leute fort, indem er sagte: »Danke, aber nicht nötig! Ich habe volles Vertrauen auf Gott. Ich bete die ganze Zeit und glaube und vertraue darauf, daß Gott für mich sorgen wird.«

Der Regen hörte nicht auf und das Wasser war inzwischen so hoch gestiegen, daß es dem Mann schon bis zur Brust reichte.

Wieder kam ein Ruderboot, um den Mann zu retten. Doch auch dieses schickte er fort: »Danke, aber nicht nötig! Ich habe volles Vertrauen auf Gott. Ich bete die ganze Zeit und glaube und vertraue darauf, daß Gott für mich sorgen wird.«

Der Regen wollte und wollte nicht aufhören und das Wasser war nun schon so hoch, daß der Mann nur noch mit dem Kopf herausragte.

Ein Hubschrauber flog über ihm und ließ eine Strick-leiter zu ihm herab, damit er sich retten konnte.

»Danke, aber nicht nötig! Ich habe volles Vertrauen auf Gott. Ich bete die ganze Zeit und glaube und ver-traue darauf, daß Gott für mich sorgen wird.«

So flog der Hubschrauber davon. Da das Wasser im-mer höher stieg, ertrank der Mann schließlich darin.

Als er nach seinem Tod zu Gott kam, sagte er ihm: »Lieber Gott, ich hatte mein ganzes Leben soviel Ver-trauen in dich und habe stets nach deinem Willen gehandelt. Mein Glaube war so stark, ich betete mit ganzem Herzen. Ich verstehe einfach nicht, wie das passieren konnte!«

Gott antwortete: »Ich verstehe das auch nicht! Schließlich schickte ich dir doch zwei Rettungsboote und einen Hubschrauber.«

Jesus hat den Menschen gezeigt, wie sie zu seinem Vater beten können:

Vater unser
im Himmel,
geheiligt werde dein Name.
Dein Reich komme.
Dein Wille geschehe,
wie im Himmel, so auf Erden.
Unser tägliches Brot gib uns heute.
Und vergib uns unsere Schuld,
wie auch wir vergeben unsern Schuldigern.
Und führe uns nicht in Versuchung,
sondern erlöse uns von dem Bösen.
Denn dein ist das Reich und die Kraft
und die Herrlichkeit in Ewigkeit.
Amen.

Anregung

Finde doch heraus, auf welch unterschiedliche Arten du noch beten kannst!
Hier einige Ideen:

- Du kannst Gott einen Purzelbaum vormachen, um ihm damit deine Freude an deinem Leben zu zeigen.
- Du kannst Gott einen Brief schreiben und ihn an einem Gasluftballon fliegen lassen oder in einer Flaschenpost dem Fluß anvertrauen.

- Du kannst Gott ein Bild aus Muscheln am Strand oder Steinen im Sand legen, wenn du ihm für die Herrlichkeit der Welt danken möchtest.
- Du kannst singen und tanzen.
- ...

»... so, lieber Gott,
jetzt habe ich Dir soviel erzählt,
daß ich schon ganz müde geworden bin.
Drum mach' ich jetzt mal Schluß für heute!
Aber ich wünsche mir noch eine gute Nacht
und daß ich kuschelig schlafen kann
und auch einen schönen Traum hab'.
Und das wünsche ich Dir auch alles!
Schlaf gut, bis morgen!«

Maren, 6 Jahre

»Beten
ist auch Blumen einpflanzen,
weil Gott doch die Blumen so gern
hat!«

Nadja, 4 Jahre

»Wo kommt eigentlich die Erde her?«

Nichts könnte entstehen,
wenn nicht schon vorher
etwas existiert hätte.

Aristoteles

Das Leben ist ein
nie endendes Entdecken der Einheit
alles Geschaffenen.

Yehudi Menuhin

Für die Eltern:

Evolutionslehre und Schöpfungsgeschichte stehen nicht im
Widerspruch zueinander. Die Schöpfungsgeschichte versinn-
bildlicht die Weltentstehung und bringt zum Ausdruck, daß
sich nichts aus sich selbst entwickelt, sondern von etwas
Größerem, Mächtigerem gewollt war: Gott.

Für die Kinder:

Gott hat alles erschaffen, Himmel und Erde, Tiere, Pflanzen und Menschen. Er hat den Menschen den Verstand
gegeben, so daß sie auf die Erde aufpassen können und
für sie sorgen sollen.

Lieber Gott
Du hast die ganze Welt gemacht,
die Tiere, die Planzen, die Menschen.
Das hast du dir wirklich prima ausgedacht.
Ich danke dir dafür.
Mir gefällt es gut auf der Welt
und ich will auf sie achtgeben.

Die Schöpfung

Am Anfang, als es noch nicht einmal die Erde gab, da war Gott schon da.

Alles war dunkel und leer. Es gab nichts, außer Gott. Da hat Gott das Licht gemacht: er schuf die Sonne, den Mond und die Sterne am Himmel.

Dann ließ Gott die Erde entstehen. Zunächst war sie ein glühender Ball, dann kühlte sie ab und auf ihrer Oberfläche formten sich Berge und Täler.

Als das Wasser entstand, bedeckte es zuerst alles, bis es sich in den Meeren und Flüssen sammelte. Nun wurde das Land sichtbar, auf dem Gott die Gräser, Kräuter, Blumen, Bäume und Sträucher aller Art wachsen ließ.

Gott wollte, daß es noch mehr Leben auf der Erde geben sollte und so schuf er die Tiere. Sie waren in der Luft, im Wasser und auch auf dem Land. Sie konnten überall Nahrung finden und sich gut vermehren.

Gott sah, daß alles gut war und erschuf den Menschen als Frau und Mann. Er sagte zu ihnen:

»Ich möchte, daß ihr euch lieb habt und Kinder bekommt. Dann werden Eure Kinder wieder Kinder bekommen und so sollen es viele Menschen werden, die auf der Erde leben. Ihr sollt auf alles aufpassen und für alles sorgen, was ich geschaffen habe.«

Anregung

Schnapp dir deinen Fotoapparat und mache einen Spaziergang. Schau dir die Welt, Gottes Schöpfung, einmal ganz genau an.
Kannst du sehen, wie wunderbar alles ist? Halte mit deiner Kamera fest, was dir besonders gefällt.
Selbst dieselbe Landschaft von demselben Punkt aus betrachtet, sieht bei unterschiedlichem Wetter und den verschiedenen Jahreszeiten jedesmal anders aus. Sie verändert sich und zeigt dadurch ihre Lebendigkeit.

»Gott hat die ganze Welt gemacht,
die Tiere und die Pflanzen und die Menschen.
Aber die Bäume hat er nicht gemacht!
Die sind von selbst gewachsen.
Da haben die Menschen so Samen hingestreut
und dann sind die so lang gewachsen,
bis es ein richtiger Wald war.«

Lena, 5 Jahre

»Die Welt kommt von Gott,
weil der Gott als erster auf der Welt war von allen.
Und dann hat er sich alles ausgedacht.
Vielleicht hat er es ja vorher geträumt,
weil manchmal kriegt man gute Ideen im Schlaf,
hat mein Papa gesagt.
Dann hat er alles gemacht:
die Erde, die Menschen, das Wasser, das Gras,
die Tiere, die Pflanzen und die Blumen und die Babies
und die ganze Weltkugel, also den Globus.
Und die Häuser!
Zumindest das erste, damit die Menschen sehen, wie's geht.
So war das!«

Joscha, 6 Jahre

»Wer ist Jesus?«

Mit Religiös-Leben meine ich
dasselbe, was die Propheten und
was Jesus damit gemeint haben:
Gerechtigkeit tun, die Wahrheit
sagen, den Mitmenschen lieben.

Erich Fromm

Der Menschengeist
wird niemals satt,
der nicht aus Jesu Fülle hat.

altes Sprichwort

Für die Eltern:

In Jesus hat sich Gott den Menschen gezeigt. Durch Jesus
hat Gott der Welt seine Botschaft gebracht.
Jesus hat durch seine Worte und Taten die Menschen oft
ins »Leben zurückgeholt«. Das sollte symbolisch verstanden werden. Damit ist nicht die Auferweckung eines Leich-
nams gemeint, sondern das Wiederfinden in den Fluß des
Lebens nach Rückzug und Ausgestoßensein.
Wenn wir von Jesus erzählen, müssen wir aufpassen, daß
wir ihn nicht als »zweiten Gott« darstellen, aber auch nicht
als bloße Menschengestalt. Beide Bilder werden ihm nicht
gerecht.
Lesen sie gemeinsam mit Ihrem Kind Geschichten aus der
Bibel, in denen Jesus mit den Menschen spricht, ihnen hilft,
sie tröstet und wieder in die Gemeinschaft zurückholt.

Für die Kinder:

Jesus ist Gottes Sohn. In Jesus hat sich Gott für uns Menschen eine Zeitlang sichtbar gemacht. Durch ihn konnte Gott den Menschen auf Erden zeigen, wie er möchte, daß sie sich verhalten. Jesus hat viel Gutes getan. Er hat den Menschen geholfen, hat sie getröstet und hat ihnen von Gott, seinem Vater, erzählt.

Guter Gott
Jesus hat den Menschen gezeigt,
wie groß deine Kraft ist.
Er hat Licht und Liebe in unsere Welt gebracht.
Ich danke dir für Jesus.

Freut Euch alle, denn Jesus ist geboren

Vor ungefähr 2 000 Jahren herrschte der Kaiser Augustus über das große römische Reich.
Er wollte genau wissen, wie groß sein Reich war und wieviele Menschen darin lebten. Darum befahl er, daß jeder Einwohner zurück in die Stadt gehen müßte, in der er geboren war, damit er gezählt werden könnte und sein Name in eine Steuerliste eingetragen werden konnte.
Joseph und Maria mußten deshalb von Nazareth nach Bethlehem wandern. Es war eine sehr beschwerliche und weite Reise, und weil Maria schwanger war, kamen sie nur langsam voran.

Als sie Bethlehem endlich erreichten, wurde es schon dunkel. Sie suchten eine Herberge für die Nacht, aber weil die Stadt bereits überfüllt war, gab es keinen Platz für sie.

Nachdem sie lange gefragt und gesucht hatten, aber immer wieder abgewiesen wurden, fanden sie einen Stall, in dem ein Ochse und ein Esel ihr Zuhause hatten. Hier mußten sie bleiben, obwohl es nur Stroh auf dem Boden gab und eine Futterkrippe für die Tiere.

In dieser Nacht bekam Maria ihr Kind. Sie nannte den Jungen Jesus, wickelte ihn in Tücher und legte ihn in die Krippe.

In der Nähe des Stalls waren Hirten mit ihren Schafen auf dem Feld. Sie wunderten sich zunächst und erschraken dann sehr, als es plötzlich mitten in der Nacht ganz hell wurde.

Da erkannten sie in dem hellen Licht einen Engel. Er sprach zu ihnen: »Habt keine Angst! Gott hat mich geschickt! Ich verkünde euch eine große Freude, die ihr allen Menschen weitererzählen sollt: Heute Nacht ist der Heiland geboren worden, Gottes Sohn. Er heißt Jesus. Er wird euer Retter sein. Er liegt in einer Krippe in einem Stall in Bethlehem. Geht dort hin und seht selbst nach!«

Auf einmal waren ganz viele Engel da und sangen: »Ehre sei Gott in der Höhe und Frieden den Menschen auf Erden!«

Als die Engel wieder verschwunden waren, machten sich die Hirten auf den Weg zu dem Stall. Sie fanden

Maria, Joseph und Jesus. Sie fielen vor dem Kind auf die Knie und lobten Gott.

Dann erzählten sie von der Begegnung mit dem Engel und was dieser verheißen hatte. Alle staunten über die Worte der Hirten.

Maria bewegte sie sehr in ihrem Herzen und dachte noch lange darüber nach.

nach Lukas 2, 1-20

Anregung

Um Jesus besser kennenzulernen, kannst du in der Bibel Geschichten über ihn lesen, die dir erzählen, was für ein besonderer Mensch er war.

Folgende Geschichten eignen sich besonders, um Jesus und sein Wirken kennenzulernen:

- der Besuch bei Zachäus (Lukas 19, 1-10)
- der Fischzug des Petrus (Lukas 5, 1-11)
- die Stillung des Sturms (Lukas 8, 22-25)
- das Gleichnis vom verlorenen Schaf (Lukas 15, 1-7)
- das Gleichnis vom barmherzigen Samariter (Lukas 10, 25-37)
- die Speisung der 5000 (Markus 6, 30-44)

»Jesus sitzt bei Gott im Himmel
und hilft ihm, auf die Welt aufzupassen.
Das ist nämlich ganz schön anstrengend!
Aber zum Glück sieht's von da oben
nicht so schwer aus,
weil ja alles viel keiner aussieht,
wenn man weit weg ist.«

Mirco, 6 Jahre

»Jesus hat einen Schnurrbart,
ein langes Tuch um sich rumgewickelt und Sandalen an.
Das hatten die früher alle so.
Der war mal auf der Welt
und hat Geschichten von Gott erzählt.
Er hat Blinde wieder gesund gemacht,
so daß die wieder sehen konnten
und Gelähmte hat er wieder heile gemacht.
Der Jesus ist auch so lieb wie Gott,
ist ja auch sein Kind.«

Freddy, 7 Jahre

»Warum hängt Jesus am Kreuz?«

Jesu, meines Lebens Leben,
Jesu, meines Todes Tod.

aus einem geistlichen Lied

Was Jesus begründet,
was ewig von ihm bleiben wird,
das ist die Lehre
von der Freiheit der Seelen.

Renan

Für die Eltern:

Die Kreuzigung und anschließende Auferstehung Jesu ist im christlichen Glauben eine Schlüsselgeschichte, weil sie Gottes Liebe zu den Menschen zeigt. Denn selbst nachdem die Menschen seinen Sohn getötet hatten, hat sich Gott nicht von ihnen abgewandt.
Deshalb ist das Kreuz bis heute ein Symbol für die Vergebung.

Für die Kinder:

Jesus hatte Feinde. Viele Menschen wollten nicht hören, was er von Gott erzählte. Einige dachten, er lüge, als er behauptete, von Gott auf die Erde geschickt worden zu sein. Er sagte den Menschen, daß Gott mit ihnen unzufrieden sei, weil sie sich schlecht verhielten. Das hat sie geärgert und so beschlossen sie, ihn zu töten und nagelten ihn an das Kreuz.
Jesus aber ist drei Tage nach seinem Tod von Gott auferweckt worden.

72

Er ging zu seinen Freunden und zeigte ihnen seine Wunden von den Nägeln an den Händen und Füßen, weil sie nicht glauben konnten, daß er auferstanden war. Jesus sagte ihnen, daß sie keine Angst vor dem Tod zu haben bräuchten, da auch sie nach ihrem Tod zu Gott in ein anderes Leben kämen. Und daß Gott ihnen das Angebot gemacht habe, ihnen ihre Schuld zu vergeben.
Dann ging er zu Gott, seinem Vater.

Guter Gott
Es macht mich traurig,
daß Jesus so grausam gestorben ist.
Obwohl die Menschen deinen Sohn getötet haben,
hast du uns immer noch lieb.
Ich danke dir dafür.

Jesus wird gekreuzigt

Nachdem Jesus mit seinen Freunden gegessen hatte, ging er in einen Garten. Dort betete er zu Gott, seinem Vater. Weil er wußte, daß er sterben mußte, hatte er große Angst.
Nun kamen die Soldaten und nahmen ihn gefangen. Judas, einer seiner Jünger, hatte ihn verraten.
Die Soldaten führten Jesus ab und brachten ihn zu den Hohen Priestern.
»Bist Du der Sohn Gottes?« fragten sie ihn. »Ja, der bin ich!« antwortete Jesus. Da sagten die Hohen Priester: »Da haben wir es! Er lügt! Er lästert Gott.

Kein Mensch kann Gottes Sohn sein. Wer so etwas behauptet, muß sterben!«

Da führten sie Jesus zu Pilatus. Er war der römische Statthalter und der mächtigste Mann im ganzen Land. Pilatus wollte Jesus eigentlich freilassen, aber inzwischen war das ganze Volk sehr aufgebracht und forderte: »Ans Kreuz mit ihm!«

Da überließ Pilatus Jesus den Soldaten. Sie legten ihm einen roten Mantel um die Schultern und setzten ihm eine Krone aus Dornenzweigen auf. Dann verspotteten sie ihn: »Hier! Du willst doch ein König sein!«

Nun mußte Jesus das schwere Holzkreuz selber aus der Stadt tragen. Auf dem Berg Golgata nagelten die Soldaten ihn dann an das Kreuz und schrieben auf ein Schild über seinem Kopf: »Dies ist der König der Juden!«

Während die Menschenmenge Jesus weiter verspottete und auslachte, betete er zu seinem Vater: »Vergib ihnen, denn sie wissen nicht, was sie tun.«

Dann starb Jesus.

nach Lukas 22,47 ff.

Anregung

Lies mit deinen Eltern in der Bibel nach, wie Jesus vom Tod erweckt wurde. (Lukas 23,47 ff.)
So grausam die Geschichte der Kreuzigung ist, so erlösend ist die Geschichte der Auferstehung.

Sie zeigt uns, daß Gott ein Gott der Liebe ist und uns unsere Schuld vergibt. Er hat versprochen, daß auch wir zu ihm kommen werden, wenn unser Leben hier auf der Erde zu Ende ist.

Das Kreuz ist das Zeichen, das uns daran erinnern soll.

Hast du schon mal eines gesehen? Wo war das?

Wenn du wieder eines siehst, dann kannst du ja daran denken, daß es das Symbol für Gottes Liebe ist.

»Das seh ich immer, wenn ich von der Schule heimkomme.
Da hängt ein Mann an so 'nem Balken.
Der ist überall voll mit Blut
und durch seine Hände gehen richtig die Nägel durch.
Igitt, das ist so gruselig!«

Sarah, 6 Jahre

»Die Leute haben Jesus an ein Kreuz festgemacht,
bis er tot war.
Aber vorher hat er sein Kreuz ganz allein schleppen müssen,
und das geht ganz schön schwer!«

Karsten, 5 Jahre

»Hat Gott mich auch so lieb, wie ihr mich lieb habt?«

Einen Menschen lieben heißt,
ihn so sehen,
wie Gott ihn gemeint hat.

Fjodor Michailowitsch Dostojewskij

Nichts, wirklich gar nichts
ist lebenswert ohne Liebe;
aller Sinn des Lebens ist erfüllt,
wo Liebe ist.

Dietrich Bonhoeffer

Für die Eltern:

Kinder in Liebe großzuziehen, gehört wohl zu den schwersten Aufgaben, die Menschen gestellt werden. Aber sie ist auch sehr lohnend, denn sie macht nicht nur die Kinder, sondern auch die Eltern reich.
Dies zu erfahren ist eines von Gottes Geschenken.
Kinder, die in einem liebevollen Umfeld aufwachsen, können sich leichter vorstellen, daß es einen Gott gibt, der alle Menschen liebt und immer für sie da ist, als jene, die Zuhause wenig Liebe erfahren.

Für die Kinder:

Ja, Gott hat dich auch so sehr lieb. Mehr noch, er hat versprochen, immer bei dir zu sein und dich nie allein zu lassen. Gott selbst ist die Liebe.
Er ist ein gütiger Gott, der versteht und verzeiht. Gott möchte, daß du dich von seiner Liebe anstecken läßt, daß du glücklich bist und daß du auch Liebe an andere weitergibst.

76

Guter Gott
Ich danke dir für Mama und Papa.
Sie haben mich lieb.
Ich danke dir für meine Geschwister,
mit denen ich jeden Tag zusammen sein kann.
Ich danke dir für meine Freunde, die mit mir spielen.
Es ist schön, so liebe Menschen um mich zu haben.
Und wenn ich mal mit jemand Streit habe,
dann tröstet es mich, daß du mich immer liebst.

Laßt die Kinder zu mir kommen

Eines Tages kam eine ganze Schar Mütter und Kinder die Straße entlang zu Jesus. Manche Frauen trugen ihre Babies auf dem Arm, andere schon etwas größere Kinder, und die älteren Kinder rannten lachend vorneweg. Es war eine fröhliche Gruppe, die da ankam. Sie lachten und scherzten miteinander.
Als die Freunde von Jesus die Frauen und Kinder hörten und sahen, gingen sie ihnen entgegen, um sie zurückzuschicken.
»Was wollt ihr denn hier?« fragten sie barsch.
»Wir möchten, daß Jesus unsere Kinder segnet!« antworteten die Mütter.
»Ach, das geht doch nicht. Ihr seid viel zu laut, ihr stört Jesus nur. Außerdem sind die Kinder doch viel zu klein, um irgendeines seiner Worte zu verstehen.« wehrten die Männer ab.
Als Jesus das gehört hatte, kam er dazugelaufen und

rügte seine Freunde: »Laßt sie! Laßt die Kinder zu mir kommen und haltet sie nicht zurück. Gott, mein Vater, liebt sie ganz besonders, jedes einzelne von ihnen.« Und dann winkte er die Kinder zu sich, setzte sie auf seinen Schoß, umarmte und streichelte sie, legte seine Hände auf ihre Köpfchen und segnete sie.

(nach Markus 10, 13-16)

Anregung

In der Liebe versteckt sich ein wunderschönes Geheimnis: Sie wird mehr, wenn man sie teilt!

Das kannst du selbst ausprobieren, denn die Liebe ist wie das Licht.

Nimm eine Kerze, zünde sie an und teile das Licht, indem du eine zweite Kerze an der ersten entzündest. Nun entzünde eine dritte Kerze an der zweiten. Wird das Licht schwächer?

Vielleicht kannst du dir nun vorstellen, daß Gottes Liebe für alle Menschen auf der Welt ausreicht.

»Meine Mama hat noch ein Baby bekommen.
Jetzt sind wir drei Kinder.
Oh, oh!
Da bin ich aber gespannt,
wie sie das machen will,
weil ihr Schoß hat doch nur Platz
für meinen Bruder und mich.
Aber sie hat gesagt,
in ihrem Herzen
wär' genug Platz für uns alle drin!«

Iris, 5 Jahre

»Gott hat mich sooo lieb,
als ob ich davonfliegen könnt'!«

Maren, 4 Jahre

»Hat Gott wirklich auch mich gemacht?«

Glücklich ist, wer in Frieden
mit sich und Gott lebt.
Glück bedeutet für mich
die innere Herzensgewißheit:
ich bin von Gott gesegnet,
von Gott angenommen,
von Gott geführt.

Bärbel Wilde

Der Mensch,
der sich nicht
für höchst gesegnet hält,
ist unglücklich –
auch wenn er die Welt regiert.

Seneca

Für die Eltern:

Es ist ganz wichtig, daß das Kind von seinem Gewolltsein
erfährt, damit es sich geliebt und angenommen weiß.
Wenn es erleben darf, daß hinter dem Elternhaus noch eine
größere Kraft steht, die es bejaht, fühlt das Kind sich auch
dann sicher, wenn es mit Mama und Papa Streit hat.
Wichtig ist, dem Kind zu vermitteln: Du bist ok, wie du
bist, und so lieben wir dich, und Gott liebt dich auch.

Für die Kinder:

Ja, Gott hat auch dich gemacht.
Du bist auf die Welt gekommen, weil deine Mama und
dein Papa sich lieb haben.
Weil Gott wollte, daß du aus dieser Liebe entstehst, hat er
dafür gesorgt, daß aus der Eizelle deiner Mama und aus
der Samenzelle deines Papas ein neuer Mensch wird: DU.

Wie deine Eltern froh darüber sind, daß es dich gibt, so freut sich auch Gott jeden Tag über dich. Du bist ihm sehr wichtig und weil er dich auf der Welt haben wollte, bietet er dir seine Freundschaft an.

Lieber Gott
Ich finde mein Leben wunderschön.
Ich freue mich,
daß ich auf der Welt bin.
Danke,
daß du mich gemacht hast.

Der wahre Meister

Ein blauer Vogel saß auf einem Baum und zwitscherte fröhlich vor sich hin. Da kam ein gelber Vogel angeflogen und setzte sich zu ihm auf den Zweig. Er hörte dem Gesang des blauen Vogels aufmerksam zu. Als der blaue Vogel sein Lied beendet hatte, sagte der Gelbe zu ihm:
»Das war ein wunderschönes Lied. So eine fröhliche Melodie habe ich noch nie zuvor gehört. Wo hast du nur gelernt, so herrlich zu singen? Sag, wo wohnt dein Meister, dann will auch ich bei ihm in die Lehre gehen.«
»Mein Meister wohnt nirgendwo; er ist überall. Du mußt dich nur einmal genau umsehen, dann wirst du ihn schon finden!« antwortete der blaue Vogel geheimnisvoll.
»Aha, na, wenn du meinst! Dann will ich mich mal auf

die Suche machen«, sprach der gelbe Vogel und flog davon.

Ein paar Wochen später kam er zurück und setzte sich wieder neben den blauen Vogel. Er wartete höflich, bis dieser seinen lieblichen Gesang beendet hatte und klagte dann sein Leid:

»Du wirst es nicht glauben, aber nun bin ich um die halbe Welt geflogen und habe nirgends deinen Meister getroffen, obwohl du doch sagtest, daß er leicht zu finden sei.«

»Das ist er auch. Du brauchtest nicht einmal fortzufliegen, um ihn zu finden, denn er ist ganz nah.«

»Ja, aber wo denn, ich kann ihn nirgends sehen!« jammerte der gelbe Vogel und reckte sein Köpfchen in alle Richtungen.

Der blaue Vogel lächelte amüsiert und legte seinem Gefährten einen Flügel über die Schulter.

»Ich will es dir verraten, hör mir zu:

Schau dich einmal genau um. Siehst du die Schönheit der Welt? Jeder Mensch, jedes Tier, jede Pflanze, ja, sogar jeder Stein hat seinen Platz.

Jetzt schließe die Augen und lausche den Geräuschen. Hörst du die Musik der Welt?

Nun fühle mit deinem Herzen. Spürst du dieses angenehme Gefühl? Es ist die Liebe dessen, der dies alles geschaffen hat. Auch dich.

Wenn du ihn in deinem Herzen fühlst, kannst du singen, wie nie zuvor. Denn er ist dein wahrer Meister. Und seine Liebe offenbart dir das großartige Geschenk deiner selbst.«

Anregung

Bitte deine Eltern, sich Zeit dafür zu nehmen, mit dir gemeinsam alte Fotoalben anzusehen. Laß dir von der Schwangerschaft mit dir erzählen, von deiner Geburt und der Zeit, als du noch ein Baby warst.

Kannst du sehen und spüren, wie sich deine Eltern gefreut haben, daß du zu ihnen auf die Welt gekommen bist?

Vielleicht haben deine Eltern ja sogar manche Aufnahmen mit einer Videokamera gemacht, die ihr euch zusammen ansehen könnt.

Dann kannst du selbst »erleben«, wie du als kleineres Kind aussahst und warst. Mag sein, du entdeckst typische Verhaltensweisen oder Eigenarten, die du auch heute noch hast. Das kann sehr lustig sein, wenn du dich so »wiedererkennst«.

»Meine Mami ist die liebste Mami der Welt.
Aber wenn sie mit mir schimpft,
ist sie die blödste!«

Maren, 4 Jahre

»Meinen Körper habe ich von Mama und Papa gekriegt.
Aber ich habe angefangen zu leben,
weil Gott meinen Körper lebendig gemacht hat.
Gott will nur Sachen, die echt wichtig sind,
und weil er mich gemacht hat,
bin ich für ihn ganz arg wichtig!«

Sanna, 6 Jahre

Weiß Gott auch, wer ich bin?«

In jedem ist ein Bild des,
was er werden soll –
solang' du das nicht bist,
ist nicht dein Frieden voll.

Angelius Silesius

Jeder ist berufen,
etwas in der Welt
zur Vollendung zu bringen.

Martin Buber

Für die Eltern:

Hinter dieser Frage steckt vielleicht die Angst, übersehen zu werden oder unterzugehen in der Masse. Da ist es wichtig, dem Kind zu versichern, daß dies nicht geschehen wird und daß auch die Eltern das Kind nicht aus dem Blick verlieren werden.
Jeder Mensch ist einmalig. Jeder hat seine ihm eigenen Stärken und Schwächen. Finden Sie mit Ihrem Kind heraus, welche besonderen Begabungen und Talente es hat und welche äußeren Merkmale, die seine Einzigartigkeit unterstreichen.

Für die Kinder:

Gott kennt und liebt alle Menschen, wie Mutter und Vater ihre Kinder kennen und lieben.
Es gibt nicht zwei gleiche Menschen auf der Welt, die Gott wirklich verwechseln könnte, denn jeder ist anders und einzigartig. Auch du!

Als du keinen Platz mehr im Bauch deiner Mutter hattest, hat sie dich geboren. So war das auch bei deinen Geschwistern, aber dennoch seid ihr alle verschieden und einmalig. Denn jeder hat andere Anteile von Mutter und Vater bekommen, so daß es jedesmal ein ganz besonderes Kind ergibt, das es kein zweites Mal auf der Welt geben kann.

Und daß gerade du aus den verschiedenen Möglichkeiten entstanden bist, das hat Gott so gewollt.

Du bist du, niemand sieht genau so aus wie du. Niemand hat dieselben Fähigkeiten wie du. Dich gibt es nur einmal! Und Gott kennt dich sehr gut!

Guter Gott!
Nur ich bin wirklich ich!
Daß es auf der ganzen Welt kein Kind mehr gibt,
das genauso ist, wie ich, finde ich wirklich toll.
Ich bin also was ganz Besonderes!
Ich freue mich über alles, was ich kann.
Danke, Gott,
daß ich ich bin!

Onkel Werner und seine Tauben

Meine Ferien verbrachte ich als Kind oft bei meinem Onkel Werner. Er hatte ein sehr ausgefallenes Hobby: die Aufzucht von Tauben. In dem großen Taubenhaus in seinem Garten lebten über 50 dieser Vögel. Sie unterschieden sich nur leicht in der Farbe ihres Gefieders, aber Onkel Werner konnte sie auseinanderhalten. Er hatte sogar jeder Taube einen eigenen Namen gegeben. Sie konnten ein- und ausfliegen, wie es ihnen gefiel, doch spätestens am Abend kehrten sie wieder zurück und pickten die Körner auf, die Onkel Werner für sie ausgestreut hatte.

Jedes Jahr veranstaltete er einen Wettflug, bei dem ich gerne dabei war. Mein Vater und ich fuhren die Tauben mindestens 100 km mit dem Auto in die Ferne, befreiten sie dann auf einem Feldweg aus ihren Käfigen, von wo aus sie die Rückreise antraten. Onkel Werner, der Zuhause geblieben war, stoppte dann die Flugzeit. Jede Taube, die bei ihm ankam, wurde namentlich in eine Liste eingetragen, so daß er über die Jahre eindeutig feststellen konnte, wie sich das Flugverhalten seiner Tiere veränderte. Die Siegertaube wurde mit einer Extraportion Leckerbissen belohnt.

Für mich zählten diese Wettflüge immer zu meinen schönsten und aufregendsten Ferienerlebnissen. An einen erinnere ich mich jedoch besonders.

Diesmal war ich nicht mit meinem Vater mitgefahren, sondern blieb bei Onkel Werner zu Hause, um das Ankommen der Vögel mitzuerleben. Wir wollten am Nachmittag, solange wir auf die Rückkehr der Vögel warten mußten, die vielen Kirschen entsteinen, die wir tags zuvor gepflückt hatten.

Die Männer hatten wie immer einen genauen Zeitpunkt vereinbart, wann mein Vater die Käfige öffnen sollte. Onkel Werner blickte ständig unruhig auf die Uhr. Als es dann soweit war, legte er die Kirschen samt Messer weg, stand auf, lief zum Taubenhaus und blickte hoch zum Himmel. Er pfiff eine leise Melodie und hob die Arme zum Himmel. Dann setzte er sich wieder zu mir an den Tisch.

Nachdem ich sechs Kerne herausgepult hatte, konnte ich nicht länger an mich halten und fragte: »Onkel Werner, warum hast du das eben gemacht?«

»Ja, weißt du, Kindchen, das ist mein Lieblingslied. Weil ich es so oft pfeife, kennen meine Tiere es, und ich will fest daran glauben, daß der Wind ihnen die Töne zuweht. Dann wissen sie, daß ich auf sie warte und mich auf sie freue. Und vielleicht finden sie dann den Weg noch besser zurück.«

Ich weiß nicht mehr, wieviel Zeit verstrichen war, und welcher Impuls meinen Onkel veranlaßte, wieder von der Arbeit aufzustehen und zu seinem Taubenhaus zu laufen.

Aber tatsächlich! Kaum war er dort angekommen, konnte ich auch schon die ersten Vögel am Himmel ausmachen. Sie flogen schnurstracks auf das Häuschen zu und landeten sicher auf den dafür vorgesehenen Stangen.

Onkel Werner war voll konzentrierter Anspannung, schließlich mußte er registrieren, welche Tiere zurückgekehrt waren, und welche noch fehlten.

Als mein Vater wieder zurückkam, waren bereits alle Tauben bis auf drei da. Während er von seiner Fahrt erzählte, suchten wir mit unseren Augen den Himmel nach den Vögeln ab. Endlich kamen die Tauben angeflogen, es waren jedoch nur zwei. Ich konnte spüren, wie froh und enttäuscht Onkel Werner zugleich war.

In den nächsten zwei Stunden, die wir kirschenentstei-
nend auf die Taube warteten, erzählte uns Onkel Werner von seinen Tieren.

Immer wieder erwähnte er besonders Stella, jene Taube, die noch fehlte. Er erzählte von ihr, wie sie noch
kleiner war, wie sie sich in Toni, ihren »Taubenmann«
verliebt hatte und wie sie handzahm geworden war.
Dabei blickte er immer wieder suchend zum Himmel
hoch.

Mein Vater und ich sahen uns manchmal verstohlen an,
und ich hatte Tränen in den Augen bei der Vorstellung,
daß Stella vielleicht nie wiederkommen würde.

Doch sie kam zurück! Endlich, etliche Stunden, nachdem alle anderen Vögel wohlbehalten angekommen
waren, flatterte die letzte Taube auf das Haus. Onkel
Werner hatte sie fliegen sehen und war ihr entgegen-
gelaufen. Sofort ging er ins Taubenhaus, rief sie bei ihrem Namen und lockte sie mit besonderen Körnern
auf seine Hand. Stella ließ sich darauf nieder. Sie hatte
sich unterwegs ihren linken Flügel leicht verletzt, deshalb hatte sie nicht so schnell fliegen können und
wahrscheinlich mehrere Pausen eingelegt.

Mich hat dieses Erlebnis in meiner Kindheit stark be-
eindruckt. Mehr noch -- es berührt mich bis heute:
Onkel Werner kannte jedes einzelne seiner Tiere. Er
konnte sie nicht nur auseinanderhalten, er hatte sogar
zu jeder Taube eine ganz persönliche Liebe entwickelt.
Für ihn war jede einzelne Taube eine ganz besondere
Taube!

Nimm dir einen Zettel und schreibe (ohne vorher lange darüber nachzudenken) auf, was du besonders gut kannst und was dir besonders gut an dir gefällt.

Schreibe auf, welche Eigenschaften du an dir magst und welche Körperzonen du an dir schön findest.

Du wirst erstaunt sein, wie lang deine Liste wird!

Du kannst dieses nette Spiel auch mit deinen Freunden, Geschwistern und Eltern machen. Dazu füllt jeder seinen eigenen Zettel aus, aber auch einen über den anderen. Nun könnt ihr vergleichen, ob ihr euch ähnlich einschätzt. Es kann auch ganz spannend sein, wenn du erfährst, daß andere an dir etwas schätzen, das dir selbst bisher gar nicht aufgefallen oder das dir vielleicht sogar ein Dorn im Auge war.

»Mama,
ich find' mich irgendwie so süß!
Ich bin echt froh,
daß ich die Eliane bin
und nicht ein anderer!«

Eliane, 5 Jahre

»Gott hat eine Lupe.
Die ist noch besser als ein Fernrohr.
Drum kann er uns alle so gut erkennen!«

Florian, 4 Jahre

»Warum müssen die Menschen sterben?«

Der Mensch lebt und bestehet
nur eine kleine Zeit;
und alle Welt vergehet
mit ihrer Herrlichkeit.
Es ist nur einer ewig
und an allen Enden
und wir in seinen Händen.

Matthias Claudius

Das Leben als Geschenk sehen
und den Tod als Begleiter;
so lautet das Geheimnis
eines sinnerfüllten Lebens.

Verfasser unbekannt

Für die Eltern:

Der Tod ist ein Thema, das gerne tabuisiert wird, vor allem Kindern gegenüber. Aber es gehört zu unserem Leben dazu, und auch Kinder müssen die Chance haben, sich mit ihm auseinandersetzen.

Wenn Ihr Kind Fragen hierzu stellt, nehmen Sie sich unbedingt die Zeit, darauf zu antworten und mit dem Kind über den Tod und die Trauer zu sprechen.

Erklären Sie Ihrem Kind, daß die Trauer nicht von ewiger Dauer ist, sondern daß nach ihr auch wieder eine Zeit der Fröhlichkeit kommt.

Wenn Kinder mit dem Tod konfrontiert werden, kann das eine ganze Reihe emotionaler Reaktionen von unterschiedlicher Form hervorrufen:

Manche Kinder ziehen sich extrem zurück, wirken apathisch und unerreichbar, andere leben ihren Zorn und ihre Wut über den Verlust des geliebten Menschen oder auch Haustieres aus, andere wiederum versuchen, sich durch Verdrängung und gespielte »Coolness« zu schützen, ...

Wie auch immer das Kind mit seiner Trauer umgeht: Es ist wichtig, daß es von Seiten der Eltern den Freiraum bekommt, seinen Schmerz auf seine Weise zu durchleben.

Nach Elisabeth Kübler-Ross besteht die Trauerarbeit aus 5 Phasen: verdrängen, wütend sein, herumfeilschen, trauern und akzeptieren.

Wenn sich auch die Reihenfolge ändern kann, so ist doch dieses Muster immer wiederzuerkennen.

Versuchen Sie nicht, ihrem Kind die Trauer (ab-) zu nehmen, das geht nicht und ist auch nicht sinnvoll. Denn auch ein Kind muß sich seinen Weg durch den Schmerz bahnen, um ihn dann hinter sich lassen zu können.

Aber Sie können ihm liebevoller und tröstender Wegbegleiter sein.

Für die Kinder:

Der Tod gehört zum Leben dazu:
Alles, was lebendig ist, stirbt eines Tages und jeden Tag wird etwas Neues lebendig. Das ist der Kreislauf des Lebens.

Die Pflanzen verwelken, die Tiere und auch die Menschen sterben.

Wir leben auf der Erde, wo alles einen Anfang und ein Ende hat, deshalb sterben wir auch.

Nur Gott hat keinen Anfang und kein Ende, deshalb stirbt er auch nicht. Aber wir sind nicht wie Gott.

Lieber Gott
Der Tod macht mich traurig,
und er macht mir auch ein bißchen angst.
Mein Hase ist gestorben
und ich muß sehr darüber weinen.
Ich hatte ihn doch so lieb.
Bitte tröste mich,
Gott.

Jakob nimmt Abschied

Jakobs Opa war schon seit einer Weile sehr krank.
Vor zwei Wochen ist es so schlimm geworden, daß
er ins Krankenhaus mußte. Jakob ging ihn dort oft
besuchen, jeden Tag.
Vorgestern ist Opa gestorben. Morgen soll die Beerdigung sein.
Jakob sitzt Zuhause an seinem Schreibtisch und weint.
Er mochte seinen Opa sehr.
Als Opa noch gesund war, hatte Jakob viel Zeit mit
ihm verbracht. Opa hatte in einer kleinen Wohnung
gewohnt. Sie lag nicht weit von Jakobs Schule entfernt. Wenn die Schule aus war, ging Jakob immer zu
Opa, weil seine Eltern erst später nach Hause kamen.
Sie mußten beide bis nachmittags arbeiten. Opa hatte dann das Essen schon auf dem Tisch stehen und
schöpfte Jakob ordentlich auf.
Nach dem Essen machte Jakob seine Hausaufgaben,
während Opa im Sessel saß und die Zeitung las. Das

heißt: Eigentlich machte er ein Nickerchen. Denn
spätestens nach fünf Minuten rutschte die Zeitung
auf den Boden, und Opa schnarchte laut. Aber das
störte Jakob nicht. Er hörte es schon gar nicht mehr
so richtig, denn er hatte sich schon sehr daran ge-
wöhnt.

Wenn Jakob mit seinen Aufgaben fertig war, weckte
er Opa ganz sacht, indem er ihm die Zeitung wieder
auf die Knie legte, ihn anstubste und sagte: »Hey, Opi,
du bist auf der letzten Seite angelangt!«

»Ist gut, mein Jung'. Dann woll'n wir mal!« brummte
Opa ganz verschlafen und streckte sich ordentlich,
bevor er sich aus dem Sessel erhob.

Und dann starteten die beiden zu irgendeinem
Abenteuer: Mal gingen sie die Enten am Teich füttern,
mal schaute Opa Jakob beim Fußballspielen mit seinen Freunden zu, oder sie packten sich einen Ruck-
sack, machten eine kleine Wanderung und ließen sich
irgendwo zu einem Picknick nieder.

Bei schlechtem Wetter gingen sie meist zu Jakob
nach Hause. Dort hatte sein Vater eine Holzwerk-
statt im Keller eingerichtet. Da Opa früher Schreiner
war, konnte er die tollsten Sachen aus Holz herstel-
len. Er zeigte Jakob die einzelnen Arbeitsgänge und
brachte ihm den Umgang mit den verschiedenen
Werkzeugen bei.

Ja, die beiden hatten viel Spaß miteinander gehabt.
Opa war auch ein guter Geschichtenerzähler und
Zuhörer.

Aber jetzt war er tot.

Jakob war sehr traurig.

Die letzten Tage im Krankenhaus war Opa gar nicht mehr richtig bei Bewußtsein. Jakob hatte kaum noch mit ihm reden können.

Dabei hatte er doch noch soviel mit Opa zu besprechen! Er hatte ihm noch gar nicht gesagt, daß er in der Mathearbeit eine Dreiplus geschrieben hatte und daß er beim letzten Fußballspiel sogar zwei Tore geschossen hatte. Ja, und Opa wußte auch noch nicht, daß die ersten jungen Enten im Park geschlüpft waren und Jakob das Holzauto fertig abgeschmirgelt hatte.

Am nächsten Tag stand Jakob zwischen seinen Eltern am Grab. Mama weinte, Papa hatte auch ganz rote Augen. Jakob hatte sich die ganze Zeit zusammengerissen, erst als der Sarg in die Erde gelassen wurde, konnte er seine Tränen nicht länger zurückhalten.

Der Pfarrer sprach leise Worte, dann beteten alle gemeinsam. Mama warf Blumen auf den Sarg, Papa streute Erde darüber.

Einer nach dem anderen gingen die Menschen, die zur Beerdigung gekommen waren, an das Grab, sahen auf den Sarg hinunter und flüsterten unverständliche Worte des Abschieds. Manche ließen Blumen fallen, manche streuten Erde.

Jakob wartete, bis alle an der Reihe waren und zum Ausgang gingen. Er sagte zu Mama und Papa, sie sollten dort auf ihn warten, er wolle noch kurz bei Opa bleiben.

Als alle außer Sicht- und Hörweite waren, trat Jakob

wieder an den Rand des Grabes, in dem sein Opa im
Sarg lag.

»Endlich kann ich mal wieder mit dir allein sein!« sagte Jakob zu Opa.

»Ach du, ich vermisse dich so! Ich weiß, daß du jetzt
nie mehr wiederkommst, aber das kann ich mir gar
nicht vorstellen. Wie soll ich nur ohne dich auskom-
men? Du bist doch mein allerbester Freund!«

Und wieder rannen Jakob die Tränen über die Wangen.

»Ich verstehe nicht, warum du jetzt gestorben bist.
Sooo alt warst du doch auch wieder noch nicht. Wir
hätten doch noch eine Weile zusammen sein können.
Ja, ich weiß ja, du wolltest mich damit bestimmt nicht
traurig machen. Mir ist gestern wieder eingefallen,
was du mir vor langer Zeit mal gesagt hast. Da haben
wir über das Sterben gesprochen und du hast zu mir
gesagt, daß es sich für dich wahrscheinlich anfühlt, als
ob du Zeitung lesen würdest, nur würdest du nicht
mehr dabei schnarchen. Erinnerst du dich? Und du
hast gesagt, daß du bei mir bleibst, auch wenn du tot
bist. Daß du dann in meinem Herzen wohnst und ich
dich immer bei mir habe. Ich glaube, ich spüre dich
jetzt schon in mir drin. Opa, ich komme dich jeden
Tag hier besuchen. Dann tanke ich dich auf und neh-
me dich in mir mit.«

Jakob hörte seine Eltern nach ihm rufen.

»Ok, Opa, ich kann jetzt nicht mehr länger bleiben,
weil sie auf mich warten. Aber ich verspreche dir, ich
komme morgen wieder und dann erzähle ich dir, was

so los war. Für heute habe ich dir erst mal alles auf-
geschrieben.«
Und Jakob kramte einen seitenlangen Brief aus der
Hosentasche, den er gestern geschrieben hatte. Er
legte das zerknitterte Papier auf seine Oberschenkel
und strich mit der Hand darüber, um die Falten eini-
germaßen zu glätten. Dann warf er den Brief in das
Grab, und schüttete soviel Erde mit der Schaufel darüber, bis der Brief nicht mehr zu sehen war.
Jakob wischte sich mit dem Handrücken die Tränen
ab.
»Ok, Opilein. Ich komme morgen wieder, bis dahin
mach's gut! Ach, und noch was: Ich hab dich ganz arg
lieb!«

Anregung

Hast du schon einmal erlebt, daß ein Mensch, den du sehr
lieb hattest, gestorben ist? Oder ein Tier? Wie hast du deine Traurigkeit darüber zum Ausdruck gebracht?
Wenn du noch nie auf einem Friedhof warst, bitte deine
Eltern, mit dir dorthin zu gehen, um dir zu zeigen, wie
Gräber aussehen und wie schön Menschen sie pflegen, um
damit ihre Zuneigung zu den Toten zu zeigen.
Wenn du ein totes Tier findest oder dein kleines Haustier
stirbt, darfst du ihm vielleicht ein Grab in eurem Garten
machen. Du kannst zwei Stöcke zu einem Kreuz zusam-
menbinden und über dem Grab in die Erde stecken.
Wir wissen zwar nicht, ob Tiere in den Himmel kommen,

aber du kannst Gott darum bitten, es bei sich aufzunehmen und dich in deinem Schmerz zu trösten.

»Mama, ich spüre hier mein Herz klopfen.
Und wenn ich mal nicht weiß,
ob ich schon tot bin oder nicht,
dann lege ich einfach meine Hand hier drauf.
Dann weiß ich's wieder!«

Maren, 5 Jahre

»Mama, ich glaub',
wenn der Opa oder die Oma
bald mal sterben müssen,
dann muß ich so arg weinen,
daß sogar mein Herz weh tut!«

Eliane, 5 Jahre

Gibt es im Himmel auch Erdbeereis?«

... und doch ist Einer,
welcher dieses Fallen
unendlich sanft
in seinen Händen hält.

Rainer Maria Rilke

Den Beweis der Unsterblichkeit
muß jeder in sich selbst tragen,
außerdem kann er nicht gegeben werden.
Wohl ist alles in der Natur Wechsel,
aber hinter dem Wechselnden
ruht ein Ewiges.

Johann Wolfgang von Goethe

Für die Eltern:

Es ist nicht einfach, den Kindern die Vorstellung zu nehmen, daß wir nach unserem Tod nicht wieder lebendig werden, also in derselben Form weiterleben als bisher. Und dennoch vertrauen wir darauf, nicht ins »Nichts« zu sterben.
Hier hilft nur: ehrlich zuzugeben, daß wir nicht wissen können, wie es nach unserem Tod weitergeht und von den eigenen Vorstellungen erzählen.

Für die Kinder:

Ich weiß es nicht. Kein Mensch weiß, was nach dem Tod kommt, denn noch kein Toter ist wieder zurückgekommen, um es erzählen zu können.
Aber die Menschen machen sich Gedanken und Vorstellungen über den Tod und das, was danach kommen könnte. Und diese Ideen sind ganz verschiedener Art.

Wenn wir Menschen sterben, hört unser Herz auf zu schlagen, unser Gehirn hört auf zu denken und unser Körper bewegt sich nicht mehr. Diese tote Hülle wird unter der Erde auf dem Friedhof begraben. Sie lebt nicht mehr.

Aber Gott hat uns Menschen durch Jesus versprochen, daß wir nach unserem Tod für immer in Liebe und Frieden bei ihm sein dürfen.

Für uns Menschen heißt das Glücklichsein bei Gott: »Im Himmel sein«.

Dort jedoch werden wir keinen Körper mehr haben, wie jetzt auf der Erde, den wir mit Essen und Trinken versorgen müssen. Weil bei Gott das Glück so unendlich groß und viel schöner ist, als wir es uns jetzt vorstellen können, werden wir keine Genüsse, wie Eis, mehr benötigen.

Das ist wohl der Grund dafür, weshalb es im Himmel kein Eis zu geben braucht.

Lieber Gott
Ich will fest daran glauben,
daß die Menschen nach dem Tod zu dir kommen.
Ich will aber jetzt noch nicht sterben,
obwohl es bestimmt schön ist, bei dir zu sein.
Danke, Gott, daß ich noch lebe.

Die wundersame Verwandlung

Es war einmal eine kleine Raupe. Sie wohnte auf einem großen Birnbaum. Sie verbrachte die Tage damit, Löcher in die Blätter und Früchte des Baumes zu fressen.

Abends saß sie dann auf einem Ast und dachte nach. »Ach, mein Raupenleben ist so herrlich: Ich wohne auf einem großen Baum, der mir genügend Futter und eine tolle Aussicht über die Welt bietet. Was will ich mehr? Und doch spüre ich manchmal in mir eine Sehnsucht. Es ist, als ob eine Stimme in mir flüstern würde, die behauptet, daß es noch etwas anderes außer Fressen und Wachsen gibt, für das es sich lohnt zu leben. Ich habe zwar keine Ahnung, was das sein könnte, aber ich glaube immer mehr daran.«

Als die Raupe vom vielen Fressen dick und prall geworden war, wurde sie sehr müde.

»Oh, ich muß dringend ein Schläfchen machen. Ich bin so dick, daß ich mich ja kaum noch rühren kann!« So spann sie seidene Fäden, wickelte diese um ihren Körper, so daß sie wie in einem Wattebettchen, genannt Kokon, lag und schloß die Augen.

»Vielleicht sterbe ich ja auch jetzt«, dachte sie und wollte darauf achten, wie es sich anfühlen würde, tot zu sein.

Aber dann merkte sie gar nichts mehr.

Als einige Zeit vergangen war, regte sich etwas in dem Kokon.

Stück für Stück schälte sich ein kleines Tierchen aus der Hülle. Kaum war es ganz geschlüpft, streckte und entfaltete es sich: es war ein wunderschöner Schmetterling mit buntgemusterten Flügeln.

Sogleich schwang er sich in die Höhe, ließ sich vom Wind ein Stück tragen und flatterte dann wieder aus eigener Kraft.

Ohne zu wissen, daß er einst die kleine Raupe war, genoß der Schmetterling sein neues Leben, kreiste über die bunte Wiese unter ihm und atmete die frische Luft ein. Glücklich schwärmte er den Strahlen der Sonne entgegen.

Anregung

Es ist sehr schwer, uns vorzustellen, was nach dem Tod kommt. Aber wir können darauf vertrauen, daß Gott uns zu sich nimmt.

Stelle dir vor, du bist auf einen Baum geklettert und kommst nun von alleine nicht mehr runter. Unten steht dein Papa, hat die Arme ausgebreitet und ruft: »Spring, ich fange dich auf!«

Du vertraust deinem Vater, daß er dich nicht fallenläßt.

Und so dürfen wir auch Gott vertrauen, daß er uns nach dem Tod in seine Arme schließt.

»Ich hab' noch eine Oma, die lebt
und ich hab' noch eine Oma, die tot ist
und die ist jetzt ein Engel im Himmel!«

Malte, 5 Jahre

»Wenn einer stirbt, kommt er in einen Sarg.
Da wird er zu einem Skelett, weil die Haut so abschim-
melt.
Die Knochen verfaulen dann in der Erde
und die Würmer fressen sie auf.
Aber das Herz von dem Menschen,
kriegt dann Flügel
und fliegt in den Himmel zu Gott hoch.«

Veronika, 6 Jahre

»Warum gibt es überhaupt Krieg auf der Welt?«

Wenn du jemanden haßt,
so hassest du etwas in ihm,
das ein Teil von dir selbst ist.
Was nicht Teil von uns selbst ist,
stört uns nicht.

Hermann Hesse

Wenn irgendwo auf der Welt
Unrecht geschieht,
so ist damit die Gerechtigkeit
insgesamt bedroht,
sind wir doch gefangen
im unausweichlichen Netz
der Gegenseitigkeit,
das uns alle zusammenhält,
die wir eine gemeinsame
Bestimmung haben.

Martin Luther King

Für die Eltern:

Es gibt kein »schwereres Kapitel« im Bereich des Glaubens,
als das des Bösen und des Leids. Darüber zerbrechen sich
in allen Kulturen und Zeiten die Menschen den Kopf.
Wenn Gott doch ein Gott der Liebe und des Guten ist,
wieso verhindert er dann nicht das Leid?
Ich denke, Gott hat uns den freien Willen gegeben, den wir
sowohl zum Guten als auch zum Schlechten einsetzen können. Die Verantwortung darüber liegt bei uns, und auch
die Folgen für unser Tun müssen wir tragen.
Ich vertraue darauf, daß Gott für mich tut, was ich selbst
nicht tun kann, und ich weiß, daß er nicht für mich tut,
was ich selbst tun kann.

Für die Kinder:

Das ist eine sehr schwierige und wichtige Frage.
Du kennst das sicher selbst: Manchmal streitest du mit deiner Schwester; plötzlich wirst du so wütend auf sie, daß du ihr vielleicht etwas kaputtmachst oder ihr sogar wehtust.
Bei Erwachsenen ist das nicht anders, nur können sich Erwachsene noch viel schlimmer verletzen oder gar töten.
Gott löst unsere Probleme nicht, aber er ist immer da. Gott will nicht, daß sich die Menschen gegenseitig verletzen und töten. Er will, daß wir in Frieden und Liebe miteinander leben. Aber er will und kann dies nicht erzwingen, wir selbst müssen es wollen und tun.

Lieber Gott!
Heute habe ich mich mit meiner Freundin gestritten.
Wir waren beide ganz gemein zueinander.
Das macht mich sehr traurig
und es tut mir jetzt richtig leid.
Bitte gib mir den Mut,
zu ihr zu gehen und mich bei ihr zu entschuldigen.

Der weise Schiedsrichter

Stefan macht gerade seine Hausaufgaben, als Markus schluchzend zu ihm kommt, mit blutender Lippe und geschwollenem Auge. Er hat angefangen, Stefan von seinem handfesten Streit mit Johann zu erzählen, als es erneut klingelt. Johann steht mit einer großen Schramme quer über die rechte Backe vor Stefans Tür.

»Aha, ist Markus also hier. Ich hab sein Fahrrad draußen stehen sehen. Und, hat er sich jetzt bei dir so richtig ausgeheult?« äfft Johann.

»Quatsch nicht so dämlich! Komm lieber rein, damit wir die Sache klären können!« gibt Stefan zurück. Er führt Johann in sein Zimmer, wo Markus auf dem Bett sitzt.

Als er Johanns Stimme gehört hat, hat er rasch den nassen Waschlappen unterm Kopfkissen verschwinden lassen, den Stefan ihm gegeben hat, und tut nun so, als ob er in ein Comic vertieft wäre.

»Hey, du Memme!« begrüßt Johann seinen Streitpartner.

»Tag, du Blödmann!« antwortet Markus.

»Stopt mal! Wenn ihr euch weiterzoffen wollt, dann verschwindet hier! Ich hab keinen Bock auf Zimmerrenovierung!« sagt Stefan. »Ich mach euch einen Vorschlag: da ihr ja gerade beide rein zufällig bei mir seid, könnten wir doch die Sache ganz vernünftig zu dritt regeln. Ich bin sozusagen der Schiedsrichter.«

Nachdem sich die beiden Streithähne einen kritischen Blick zugeworfen haben, willigen sie schließlich ein.

»Ok! Aber nur unter der Bedingung, daß ihr friedlich bleibt, sonst gibt's die rote Karte, klar?« droht Stefan mit erhobenem Zeigefinger.

Die Jungs nicken.

»Gut, dann erzählt mir jetzt mal, worum es überhaupt geht.«

»Also, wir haben über Haie geredet« fängt Markus an. »Ich habe gesagt, daß Haie gar nicht so gefährlich sind, wie das viele denken; daß sie gar keine Menschen fressen, nicht mal Fische und Krebse, sondern nur das Meerwasser trinken. Da sind genügend Nahrungsmineralstoffe drin, oder so was. Und der Johann ...«

»Stimmt doch gar nicht! So ein dummes Gequatsche!« fällt ihm Johann ins Wort.

Stefan hebt seinen Zeigefinger in Johanns Richtung, so daß dieser nicht weiterspricht, sondern tief seufzend den Kopf schüttelt.

»Er hat behauptet« fuhr Markus fort, »daß Haie sich nur von großen Fischen und Seehunden ernähren und sofort Menschen angreifen, die im Meer schwimmen.«

»Stimmt ja auch!« betont Johann nochmals seine Behauptung.

»Ok, alles klar!« sagt Stefan. »Dann wollen wir doch mal nachsehen, was stimmt!«

Nun holt er sein Kinderlexikon aus dem Regal und schlägt das Kapitel über Meerestiere auf.

Er liest im Stillen, hält das Buch so, daß die beiden anderen nicht hineinspickeln können und fängt dann wohlgefällig an zu grinsen.

»Hier, hört mal zu: *Es gibt etwa 250 verschiedene Haifischarten mit unterschiedlichem Aussehen und verschiedener Lebensweise ... blablabla ... Viele Haifischarten ernähren sich räuberisch von anderen Meerestieren, wie Krebsen, Würmern und kleinen Fischen ...*«

»Na, also! Hab ich doch gesagt!« unterbricht Johann.

»Jetzt wart doch mal ab!« zischt Stefan und liest weiter vor.

»Aber es gibt auch Haie, die sich ausschließlich von Plankton ernähren. Dazu gehören vor allem der Walhai und der Riesenhai, die bis zu 14 Meter lang und bis zu 4 Tonnen schwer werden können.«

»Wow!« rufen Johann und Markus zugleich.

»Achtung, jetzt kommt's: *›Der Weißhai und der Blauhai können für den Menschen gefährlich werden, aber in der Regel nur, wenn sich die Tiere durch sie bedroht fühlen, oder wenn die Menschen verletzt sind. Denn die Haie haben eine sehr gute Nase und riechen Blut schon aus großer Entfernung.‹*

So! Jetzt wißt ihr's! Ihr hattet also beide ein bißchen recht. Und dafür habt ihr euch geprügelt! So was Dummes! Aber Schwamm drüber – wie wär's, wenn ihr euch jetzt 'nen Ruck gebt, euch wieder vertragt und wir alle zusammen lieber 'ne Runde Fußballspielen gehen, als hier zu versauern!?«

»Na schön! Schlag ein, Kumpel!« Johann hält Markus die Hand hin.

Markus grinst ihn an. »Also gut! Aber nur, wenn du die »Memme« wieder zurücknimmst!«

»Und du den Blödmann!«

»Abgemacht!«

»In Ordnung!«

Beide lachen und klatschen ihre Hände aufeinander. Bevor sie zu Stefan rausgehen, der bereits draußen wartet, stupft Markus Johann sanft in die Seite und sagt etwas kleinlaut:

»Übrigens, das mit der Schramme tut mir leid!«
»Ach, halb so wild! Ich wollte dir auch kein Veilchen
verpassen! Aber jetzt hast du ein Andenken von
mir!« scherzt Johann.
»Ja, und du eins von mir!« gibt Markus lachend zurück.

Anregung

Streiten gehört zum Leben dazu, denn wir alle sind unterschiedlich und haben verschiedene Meinungen. Die müssen
wir äußern dürfen, ohne, daß wir dafür bestraft werden.
Konflikte lassen sich nicht vermeiden. Und das ist auch gut
so, denn dies bedeutet, daß wir uns mit dem anderen Menschen auseinandersetzen, uns mit ihm beschäftigen. Dabei
ist nur ganz wichtig zu beachten, daß wir die richtige Form
dafür finden, nämlich eine gewaltlose.
Wenn wir uns gleich Schimpfwörter an den Kopf werfen
oder gar zuschlagen, werden wir wohl kaum zu einer fried-
lichen Lösung kommen können.
Probiere es doch einmal aus! Du kannst mit deinen Freunden oder in deiner Familie vorschlagen, Rollenspiele dazu
zu machen. So kann man nämlich wunderbar für den »Ernst-
fall« proben. Und Spaß macht es außerdem.

Hier ein paar Vorschläge:

• Zwei Kinder wollen dasselbe Spielzeug haben
• Ein Kind fragt die Eltern, ob es ins Kino gehen dürfe.
  Vater sagt ja, Mutter sagt nein.

- Es steht ein Kuchen auf dem Tisch. Jeder möchte möglichst viel davon haben und nichts abgeben.
- Zwei Nachbarmädchen, Eva und Sabine, sind eng befreundet. Da zieht Julia neu ins Haus ein und befreundet sich mit Eva. Sabine wird eifersüchtig.
- Frau Müller ist neidisch auf Frau Pfeiffer, weil diese sich ständig schöne neue Kleider leisten kann.
- Zwei Männer streiten darüber, wer von ihnen das bessere und schnellere Auto hat.
- Erster Schultag nach den großen Ferien: Alle Kinder wollen den besten Sitzplatz im neuen Klassenzimmer erwischen.

»Ich habe mal im Fernsehen ein Kind in Afrika gesehen,
das ganz dünne Arme und Beine hatte,
aber einen ganz dicken Bauch.
Meine Mama hat gesagt,
daß das Kind nichts zu essen hätte
und so traurig guckt, weil es Hunger hat.
In seinem Bauch ist nur Luft drin.
Das finde ich schlimm und ich bin froh,
daß ich immer was zu essen hab.
Aber oft muß ich an das Kind in Afrika denken.
Wenn ich ein Flugzeug hätte,
würde ich ihm jeden Tag mein Pausenvesper
und die Suppe von Oma hinfliegen,
weil die so kräftig macht.«

Julius, 8 Jahre

»Ich verstehe das nicht!
Warum müssen sich die Erwachsenen gleich totschießen,
wenn sie Streit haben?
Das tun wir Kinder doch auch nicht!
Wir spritzen nur mit Wasserpistolen.«

Anna, 6 Jahre

»Warum hat Gott manche Menschen behindert gemacht?«

Alles, was lebt,
hat Gott gewollt,
sonst existierte es nicht.

Claudia Scharfenstein-Richter

Gewiß ist es fast noch wichtiger,
wie der Mensch sein Schicksal nimmt,
als wie sein Schickal ist.

Wilhelm von Humboldt

Für die Eltern:

Kinder fragen nach der Ursache für Leid. Aber wir wissen oft keine Antwort darauf, sind vielleicht selbst in unserem Schmerz gefangen.

Daß Gott sich heraushält, wenn wir Menschen unverantwortlich mit unserem Leben umgehen und deshalb Leid verursachen, können wir noch nachvollziehen.

Schwierig wird es jedoch, wenn Schlimmes ohne unser Zutun passiert, etwa bei einer Naturkatastrophe, einem Unfall, bei dem es keinen Schuldigen gibt, oder wenn ein Kind behindert geboren wird.

Warum läßt Gott so etwas zu?

Wir können sie nicht wissen, die Antwort.

Wir können nur darüber philosophieren und uns auf die Suche nach Gedanken machen, mit denen wir Trost finden. Und an Gott glauben heißt für mich auch, darauf vertrauen, daß alles einen Sinn hat, auch wenn ich ihn nicht immer verstehe.

Vielleicht können gerade behinderte Menschen für uns Zeichen von Gottes Liebe sein, wenn wir begreifen, daß es nicht darum geht, perfekt an Geist und Körper zu sein, sondern das Leben in Liebe zu bejahen, mit allen Hindernissen, die es mit sich bringt.

Für die Kinder:

Ich weiß nicht, ob Gott will, daß manche Menschen behindert sind. Aber ich weiß, daß diese Menschen nicht unglücklich werden müssen, »nur« weil sie behindert sind.
Ihnen geht es nur dann schlecht, wenn wir Nichtbehinderten sie dafür auslachen oder gar ausschließen.
Wenn dir etwas nicht gelingt, was du gerne könntest, fühlst du dich vielleicht auch ein bißchen behindert, aber du hast die Möglichkeit, akzeptieren zu lernen, was du kannst und was nicht. Wenn dich aber andere Menschen für dein Unvermögen hänseln, dann macht dich das sehr traurig. Auch das behinderte Kind wird von seinen Eltern geliebt, genau wie du ohne Behinderung. Und auch Gott liebt es.
Denn es kommt nicht darauf an, was ein Mensch alles kann, sondern ob er fähig ist zu lieben. Und das können auch Menschen mit einer schweren Behinderung oder Krankheit.

Lieber Gott
Mir geht es so gut.
Ich bin gesund.
Ich habe alles, was ich brauche:
Eltern, Freunde, Essen, Trinken,
Kleider, ein Zimmer, Spielsachen, ...
Laß mich zufrieden sein mit dem,
was ich bin und habe.

Es gibt Kinder auf der Welt,
die hungern und frieren müssen.
Hilf, daß wir besser lernen,
miteinander zu teilen.

Oder

Guter Gott
Der Junge von nebenan ist behindert.
Obwohl wir gleichalt sind,
ist er manchmal noch wie ein Baby.
Manches wird er vielleicht nie lernen.
Aber er ist ein fröhliches Kind.
Seine Eltern haben ihn sehr lieb,
das kann ich sehen.
Danke, daß auch du ihn liebst.

Ein ungewöhnlicher Brief

Sina sitzt aufrecht im Bett und schaut angestrengt
durch das große Fenster in den Garten. Voller Anspannung beobachtet sie, wie der Junge ihren Brief
öffnet und liest.

Hallo Sven!

*Ich weiß, daß Du so heißt, weil Karli es mir verraten hat.
Er ist der nette Krankenpfleger, der Dir diesen Brief gegeben hat. Ich finde, er ist der netteste hier.*

*Ach so, und ich heiße Sina. Ich bin neun. Stimmt´s, Du
bist schon zehn, hat Karli gesagt.*

*Ich bin auch hier im Krankenhaus, und ich habe Dich
schon oft hier unter dem Baum sitzen sehen, weil ich nämlich von meinem Bett aus in den Garten gucken kann.*

*Ich hatte Lust, Dir einen Brief zu schreiben, weil Du im-
mer so allein bist und so traurig aussiehst und ich hab
gedacht, Du freust dich dann vielleicht.*

*Ich weiß nicht, warum Du so traurig bist, aber ich glaube,
ich weiß es doch. Karli hat mir erzählt, daß Du von einem Auto angefahren worden bist und deshalb jetzt im
Rollstuhl sitzen mußt.*

*Ich sitze auch im Rollstuhl. Ich bin von ganz hoch oben
von einem Baum gefallen, als ich Kirschen gegessen
habe. Aber das ist jetzt schon lange her. Seitdem kann
ich nicht mehr laufen. Alle haben zu mir gesagt: »Du
armes Kind! Aber sei froh, daß du nicht gleich gestorben bist.«*

*Und das bin ich auch. Obwohl ich manchmal auch ganz
arg traurig und wütend darüber bin, daß ich nicht mehr
laufen kann. Ich hatte auch noch einen Arm gebrochen,
aber der ist schon lange wieder heil, zum Glück, sonst
könnte ich ja auch keine Briefe schreiben.*

*Vor fünf Tagen bin ich zum dritten Mal operiert worden.
Morgen darf ich endlich wieder aus dem Bett und in
meinem Rollstuhl sitzen.*

*Hey, Sven, ich kenn Dich ja eigentlich nicht. Und doch
glaub ich, daß ich Dich ganz gut kenne. Jedenfalls weiß
ich, wie das ist, wenn man in so einem Rolli sitzen muß
und nicht mehr über die Wiese rennen kann und Purzel-*

bäume schlagen kann, und Versteck spielen und auf Bäume klettern kann und lauter solche Sachen.
Das ist echt voll doof!
Am Anfang war es für mich auch ganz arg schlimm. Und alle haben so blöd geguckt! Das ist immer das Schlimmste! Aber nach einer Weile gewöhnen sie sich dran und dann geht´s.
Aber ich habe auch schon schöne und lustige Sachen erlebt, seit ich im Rollstuhl sitze. Die anderen Kinder fragen mich ganz viel darüber aus, und wollen auch mal schieben. Das ist dann echt stark!
Ich war auch schon mal bei einer Rolli-Ralley dabei, das macht voll Laune! Außerdem bin ich im Rolli-Handball!
Wenn Du magst, kann ich Dir ja mal ein paar Sachen erzählen.
Also, das wollte ich Dir schreiben, weil Du immer so traurig aussiehst. Vielleicht bist Du ja jetzt ein bißchen froher, wenn Du hörst, daß es hier noch ein Kind gibt, das auch nicht laufen kann.
Ich fänd's klasse, wenn wir uns befreunden könnten. Stell Dir doch bloß mal vor: Zwei Kinder im Rollstuhl sind Freunde.
Das wäre doch echt cool, was meinst Du? Wir könnten dann eine Rollstuhlbande hier im Krankenhaus gründen, oder so was!
Wie findest Du das?
Also, wenn Du mich kennenlernen willst, dann winke jetzt ganz einfach hoch zu den Fenstern. Du kannst meins an den aufgemalten Luftballons erkennen. Und

ich kann von hier aus Dein Winken sehen. Dann kann
Karli Dich ja zu mir schieben.
Wenn nicht, — tja, schade, dann halt nicht.
Was ist, willst Du?
Ich ja!

Deine Sina.

Sina hält die Luft an. »Meine Güte, dauert das lange, bis der fertig gelesen hat!« stöhnt sie voller Ungeduld. Ihr Herz pocht ganz wild vor lauter Aufregung. Ob er sie wohl kennenlernen will? Ob er ihr zuwinken wird? Und was, wenn nicht? Hoffentlich findet er ihren Brief nicht total blöd! Mädchenkram, oder so! Endlich ist Sven mit dem Lesen fertig. Nun blickt er zu den Fenstern hoch, um Ausschau nach der Verfasserin zu halten. Als er das bemalte Fenster entdeckt hat, hebt er zunächst etwas zögerlich die Hand um dann aber kräftig zu winken. Sein anfangs scheues Grinsen verbreitert sich zu einem zahnspangenfrechen Lachen. Vor Freude und Erleichterung strahlend winkt Sina zurück und ruft sogleich nach Karli.

Anregung

Kennst du ein behindertes Kind?
Weißt du, welche Behinderung es hat?
Hast du erlebt, daß dieses Kind wegen seiner Behinderung ausgeschlossen wurde?
Wie denkst du darüber?

Manche Behinderungen sind nicht von Geburt an da; sie können durch eine Krankheit oder einen Unfall entstehen. Es ist gut, wenn wir uns klar machen, daß jeder Mensch jederzeit ebenso einen Unfall erleben könnte, der eine Behinderung mit sich bringt.

Warum sollte man diese Menschen auslachen oder ausschließen?

Sie gehören genauso dazu und haben dieselben Rechte, wie alle anderen auch.

»Mama, weißt du was?
Ich glaube,
der Gott hat den Jonas so arg lieb,
wie ich ihn hab.
Auch, wenn er behindert ist!«

Maren, 6 Jahre

»Wenn der Joni nicht behindert wär'
dann wär' er nicht so süß,
und dann hätt' ich ja nur
einen ganz normalen Bruder.«

Eliane, 7 Jahre

»Warum kann ich nicht einfach nur machen, was ich will?«

Eure Aufgabe ist es nicht,
die Zukunft vorherzusagen,
sondern sie zu ermöglichen.

Antoine de Saint-Exupéry

Wir sind nicht die Eigentümer
unseres Körpers, unseres Lebens,
unserer Kinder, unseres Besitzes,
unseres Landes, der Luft,
des Wassers, der Erde –
wir sind nur deren
bevorrechtigte Treuhänder.

Yehudi Menuhin

Für die Eltern:

Auch dies ist eine Frage nach Gott. Denn es geht hier um Rücksichtnahme, Achtung voreinander, Selbstbestimmung, Freiheit und Verantwortung.

Kinder müssen lernen, wo sie ihre Freiheiten haben, aber auch, wo ihre Grenzen liegen. Sonst laufen sie Gefahr, sich zu rücksichtslosen und egoistischen Erwachsenen zu entwickeln. Grenzen zu setzen ist ganz bestimmt kein Akt der Lieblosigkeit, aber natürlich müssen wir Erwachsenen darauf achten, *wie* wir dies tun, um nicht lieblos zu erscheinen.

Auch hier orientieren sich die Kinder sehr am Vorbild der Eltern und anderen Bezugspersonen. Kinder bekommen sehr wohl mit, wie wir uns anderen Menschen gegenüber verhalten: Ist unsere Haltung rücksichtsvoll und achtsam oder eher ignorant, wenig taktvoll und vorwiegend auf uns selbst bezogen?

Für die Kinder:

Du kannst deshalb nicht einfach nur tun, was du willst, weil du nicht allein auf der Welt bist und deshalb auch die anderen Lebewesen beachten mußt.

Gott hat uns Menschen einen freien Willen und unseren Verstand gegeben, aber auch die Verantwortung.

Das bedeutet, daß wir entscheiden können, wie wir uns verhalten und was wir tun. Aber wir dürfen dadurch nicht anderen Lebewesen Schaden zufügen.

Es sind vier Bereiche, auf die wir achten sollen und für die wir die Verantwortung tragen:

- Verantwortung für sich selbst: Ich will auf mich aufpassen und nichts tun, was mir schaden kann.
- Verantwortung für seine Mitmenschen: Ich will sie achten, so, wie sie sind, jeden auf seine Weise. Ich will ihnen nicht weh tun oder sie traurig machen. Ich will gut zu ihnen sein und ihnen von meiner Liebe schenken.
- Verantwortung für die Natur: Ich will die Tiere und Pflanzen achten und pflegen, und nicht quälen oder zerstören.
- Verantwortung für Gott: Ich will daran denken, daß Gott mich sehr lieb hat und mir mein Leben geschenkt hat. Ich will mit Gott sprechen und ihm für alles danken, was er geschaffen hat.

Wenn jeder Mensch nur an sich selbst denken würde, dann wäre die Welt bald voller Streit und Haß, dann gäbe es keine Freude und Liebe mehr, und die Natur würde zugrunde gehen.

Denke einmal an die Stadt, in der du wohnst. Jeder Mensch hat hier seine Aufgabe in seinem Beruf und jeder einzelne trägt mit seiner Arbeit dazu bei, daß das Leben in der Stadt funktioniert. Dafür müssen gewisse Regeln und Gesetze eingehalten werden.

Und dazu kommt es auf jeden einzelnen an.

Jeder ist wichtig, jeder wird gebraucht:

die Lehrerin, der Kaminfeger, der Müllmann, die Briefträgerin, der Maurer, der Zugschaffner, die Verkäuferin, der Busfahrer, die Ärztin, usw.

Lieber Gott
Ich darf ruhig auch mal nur an mich denken.
Aber ich habe verstanden,
daß ich keinem anderen schaden darf.
Hilf mir dabei,
die richtigen Entscheidungen zu treffen
und meine Aufgaben gut zu machen.

Das Hochzeitsgeschenk

Ein junges Paar wollte gerne heiraten. Aber sie hatten nicht viel Geld, deshalb konnten sie sich kein teures Hochzeitsfest leisten. Dennoch wollten sie gerne ihre Freunde und Verwandten zu ihrem wichtigen Tag einladen.
Sie überlegten lange, wie sie ein Fest ohne hohe Kosten gestalten könnten. Da hatte der Mann eine Idee. »Ich hab's! Wir bitten unsere Freunde, eine Flasche Wein mitzubringen. Sozusagen als Hochzeitsgeschenk. Dann können wir den teuren Wein sparen und müssen nur das Essen bezahlen.«

Die Frau erwiderte: »Ja, das ist eine prima Idee! Wir stellen ein großes Faß vor unserem Hauseingang auf. Da kann jeder seine Flasche Wein hineinschütten und so trinken wir alle dann den Hochzeitswein, die Mischung aus verschiedenen Weinen, also allen Geschenken.«

»Ja, so wollen wir es machen! Dadurch hat jeder auch zum Gelingen des Festes etwas beigetragen und kann sich mit uns freuen.«

Also luden die beiden ihre Freunde und Verwandten zur Hochzeit ein und baten sie, die Flasche Wein mitzubringen und in das aufgestellte Faß zu leeren.

Als die Trauung zu Ende war, setzten sich alle an den großen Tisch. Nun sollte es eine leckere Speise und den mitgebrachten Wein der Gäste geben.

Doch wie schockiert war der Bräutigam, als er einen Krug in das Faß tauchte und nur Wasser darin war! Erschrocken sahen sich die Gäste an und blickten dann beschämt zu Boden.

Sie waren ertappt. Jeder hatte statt des Weines eine Flasche Wasser mitgebracht.

Ein jeder von ihnen hatte gedacht: »Es fällt ja nicht auf und man schmeckt es sicher nicht heraus, wenn ich eine Flasche Wasser in den Wein der anderen gieße. Dann kann ich mir das Geschenk sparen. Ich will mal ganz auf Kosten der anderen leben.«

Es hatten aber alle so gedacht, und das war jetzt offensichtlich.

»Oh, wie peinlich mir das ist!« schämte sich ein Gast.

»Jetzt haben wir dem Hochzeitspaar den Tag vermiest« erkannte eine Frau ganz kleinlaut.

»Mehr noch: Wir haben uns selbst alle auch um ein schönes Fest gebracht, denn jetzt sitzen wir hier und schämen uns in Grund und Boden!« sprach ein älterer Herr.
Kurz darauf gingen alle bedrückt nach Hause und grämten sich noch lange für ihr Verhalten.

Anregung

Wir Menschen müssen oft Entscheidungen treffen. Dabei ist es ganz wichtig, daß wir vorher überlegen, wie wir am besten handeln oder was wir sagen wollen.
Hier sind zwei Beispiele. Überlege, wie du reagieren würdest.

- Martina hat ihre Freundin Betsy zum ersten mal zu sich nach Hause eingeladen. Sie möchte, daß es Betsy gut bei ihr gefällt, damit sie öfter wiederkommt. Betsy wünscht sich unbedingt, laute Musik zu machen, zu tanzen und »Disco« zu spielen. Martina weiß, daß Frau Meier, die über ihnen wohnt, seit drei Tagen krank im Bett liegt und sicher gestört wäre durch die Musik.
- Jens hat seine Hausaufgaben fertig gemacht und streckt sich nun genüßlich auf seinem Bett aus. Er hat sich das neueste Mickeymaus-Heft besorgt und freut sich nun darauf, es zu lesen. Es bleibt ihm auch nicht mehr viel Zeit, denn in einer halben Stunde kommt Fred ihn schon zum Fußballtraining abholen. Da klingelt das Telefon. Mutter ruft vom Büro aus an und bittet Jens, noch et-

was zum Abendessen einzukaufen, da sie eine Stunde länger arbeiten muß und selbst nicht mehr dazu kommt.

»Ich habe oft zwei Stimmen in meinem Kopf.
Die eine sagt, ich soll es machen, die andere sagt, bloß nicht!
Dann überlege ich hin und her
und dann mach ich's halt,
oder auch nicht.
Manchmal, glaub ich,
hat Gott mir
das richtige Ergebnis zugeflüstert.«

Dennis, 8 Jahre

»Gell, Mama,
wenn ich mich gut um unsere Kaninchen kümmer',
dann gefällt das dem Gott,
weil es doch auch seine Tiere sind!«

Maren, 5 Jahre

»Hat Gott auch böse Menschen lieb?«

Irren ist menschlich,
vergeben ist göttlich.

William Shakespeare

Wir brauchen nicht so fortzuleben,
wie wir gestern gelebt haben.
Macht Euch nur von dieser Anschauung los,
und tausend Möglichkeiten
laden uns zu neuem Leben ein.

Christian Morgenstern

Für die Eltern:

Kindern wird immer wieder erklärt, daß sie nicht schlagen, stehlen oder lügen sollen, weil dieses Verhalten »böse« ist. Sie bekommen aber mit, daß es Verbrechen und Gefängnisse, also auch »böse Menschen« gibt. Und gleichzeitig haben sie gehört, daß Gott alle Menschen liebt. Das kann sie verwirren.

In dieser Frage und Antwort stecken die Themen Reue und Vergebung.

Machen Sie ihrem Kind klar, daß niemand im Leben ohne Fehler und Schuld bleibt, daß es aber nie zu spät ist, zu bereuen und um Verzeihung zu bitten.

Für die Kinder:

Ja, Gott hat auch die Menschen lieb, die Böses getan haben, denn seine Liebe hat keine Grenze.

Aber er findet nicht gut, was sie verbrochen haben. Er hofft, daß sie das einsehen und ihr Verhalten ändern werden.

Sicher hast du auch schon einmal erlebt, daß du etwas angestellt hast und danach ein schlechtes Gewissen bekommen hast. Du hast dich dann vielleicht entschuldigt oder etwas zur Wiedergutmachung getan, und konntest erfahren, wie schön es ist, wenn dir verziehen wurde.

So ist es auch bei Gott: Er vergibt den Menschen ihre Schuld, wenn sie ihn darum bitten.

Menschen, die Schlimmes tun, haben sich von Gott entfernt und keine Liebe mehr in ihren Herzen. Das ist sehr traurig. Aber wir können hoffen, daß diese Menschen wieder zu Gott zurückfinden, wenn sie es wollen. Denn er nimmt sie wieder bei sich auf, wie ein Vater seinen verlorenen Sohn in der folgenden Geschichte.

Guter Gott
Ich war ganz gemein zu meinem Bruder.
Dabei war ich eigentlich auf Mama wütend,
aber die war grad nicht da.
Ich habe ihn dann später um Verzeihung gebeten,
und er ist jetzt wieder gut mit mir.
Ich danke dir, Gott,
daß du mir die Kraft gegeben hast,
mich mit ihm auszusöhnen.

Der verlorene Sohn

Ein Vater hatte zwei Söhne. Eines Tages bat der Jüngere den Vater, ihm den Teil seines Vermögens auszubezahlen. Denn der Sohn wollte fortgehen vom Hof und hinaus in die Welt ziehen. Da gab der Vater ihm das Geld und verabschiedete seinen Sohn.

Dieser zog in ein anderes Land und lebte in Saus und Braus. Er machte sich keine Gedanken über seine Zukunft, trieb sich täglich mit schlechten Freunden herum und gab das ganze Geld aus.

Als er schließlich arm war, wollten auch seine sogenannten Freunde nichts mehr von ihm wissen.

So war er einsam und hungrig. Er ging betteln, doch die Leute gaben ihm nichts.

Er mußte sich schließlich auf die Suche nach Arbeit machen und fand eine Stelle bei einem Bauern. Der schickte ihn als Schweinehirten auf das Feld.

Wie der Mann nun im Dreck zwischen all den Schweinen saß, dachte er zum ersten Mal über sein Leben nach. Ihm fiel auf, daß die Schweine mehr zum Essen hatten als er und daß es jedem Knecht auf dem Hofe seines Vaters besser ging als ihm.

Da wurde er sehr traurig, und er bereute, was er getan hatte. Er beschloß, wieder nach Hause zu gehen und seinen Vater um Verzeihung zu bitten.

Sogleich machte er sich auf den langen Weg.

Als der Vater einen zerlumpten Mann daherkommen sah, erkannte er schon von weitem die Gestalt seines jüngeren Sohnes.

Er rannte ihm entgegen und nahm ihn in die Arme. Der Sohn sagte: »Vater, es tut mir so leid! Ich habe all das Geld verpraßt und Dinge getan, die nicht gut sind. Ich bin ein schlechter Mensch und kann deshalb nicht länger dein Sohn sein, aber vielleicht kannst du mir eine Stelle als Knecht an deinem Hof geben.«

Da rief der Vater einen seiner Diener herbei und befahl diesem:

»Hol das schönste Gewand und zieh es meinem Sohn an. Schlachte das beste Kalb, denn wir wollen ein Fest feiern!«

Der ältere Sohn, der von der Arbeit auf dem Feld nach Hause kam, wunderte sich über das rege Tun am Hof und fragte einen Diener nach dem Grund. Dieser erzählte ihm von der Heimkehr des Bruders. Da wurde der ältere Sohn sehr wütend und sprach zu seinem Vater:

»Viele Jahre nun arbeite ich Tag für Tag für dich. Und noch nie hast du meinetwegen ein solches Fest gegeben. Mein Bruder aber hat sein ganzes Geld unsinnig ausgegeben und sich schlecht benommen. Und kaum kommt er heim, behandelst du ihn wie einen Ehrengast. Das ist nicht gerecht!«

Da legte ihm der Vater besänftigend den Arm um die Schulter und erwiderte:

»Mein Sohn, du warst doch immer bei mir und alles, was mir gehört, gehört auch dir. Nun freu dich mit mir darüber, daß dein Bruder wieder gesund zurückgekommen ist. Und mehr noch: Er war in seinem Herzen tot, nun ist er wieder lebendig und froh geworden.«

(nach Lukas 15, 11 – 32)

Anregung

Ein selbstgepflückter Blumenstrauß, ein gemaltes Bild, eine schöne Bastelei oder ein netter Brief können es dir leichter machen, den anderen um Verzeihung zu bitten, denn du drückst damit auch aus, daß es dir leid tut und du dir Mühe gibst, etwas zur Wiedergutmachung beizutragen. Außerdem haben diese Dinge den positiven Effekt, Freude zu bereiten. Somit steigen die Chancen, daß dir auch verziehen wird.

»Wenn Gott auch die bösen Menschen lieb hat,
dann hat er mich bestimmt ganz superdoll lieb,
weil ich nämlich nicht böse bin!«

Jessika, 4 Jahre

»Ich hab mal ganz arg was angestellt:
da habe ich mit einem Stein
vorne an unserem Auto rumgekratzt.
Da hat mein Papa erst ganz arg mit mir geschumpfen,
daß ich weinen mußte.
Aber dann hat er mich auf seinen Schoß geholt und gesagt,
daß er sich darüber ärgert, weil jetzt der Lack ab ist.
Da habe ich ihm versprochen, daß ich sowas nie wieder mache.
Und dann hab' ich ihm helfen dürfen,
wieder neue Farbe draufzusprühen.«

Jörg, 7 Jahre

»Gibt es Engel auch in echt?«

Die wichtigste Stunde
ist immer die Gegenwart,
der bedeutendste Mensch
ist immer der,
der dir gerade gegenübersteht,
und das notwendigste Wohl
ist immer die Liebe.

Meister Eckhart

Alle Dinge, an die ich mich gebe,
werden reich
und geben mich aus.

Rainer Maria Rilke

Für die Eltern:

In der Bibel treten Engel immer als Boten Gottes auf. Damit soll verdeutlicht werden, daß Gott den Menschen etwas zu sagen hat. Wenn wir mit Kindern über Engel reden, sollten wir ihnen zu verstehen geben, daß Engel keine personifizierten Gestalten sind, sondern immer im Zusammenhang der Vermittlung von göttlichem Wirken stehen.

Für die Kinder:

Ja, es gibt Engel. Durch Engel will Gott uns etwas sagen. Aber sie sind keine wirklichen Gestalten, keine wieder lebendig gewordenen Toten oder Diener Gottes in goldenen Gewändern und Flügeln auf dem Rücken.
Engel können aber gute Gedanken sein, die uns plötzlich einfallen. Wenn du zum Beispiel denkst, daß es sicher schön wäre, deine Freundin zu besuchen, die krank im Bett liegt

und sich dann nicht mehr so alleine fühlt, wenn du bei ihr bist.

Oder in anderen Menschen kann man Engel entdecken, wenn sie einem etwas Gutes tun. Deine Eltern sind so etwas wie Schutzengel für dich. Da sie dich lieb haben, passen sie auf dich auf, damit dir möglichst nichts passiert.

Wir Menschen können also füreinander Engel sein, wenn wir uns gegenseitig helfen, uns trösten, uns miteinander freuen und lieb zueinander sind. Dann spüren wir auch, daß Gott bei uns ist.

Lieber Gott
Ich will heute mal Gutes tun
und für andere wie ein Engel sein.
Bitte hilf mir, daß es mir gelingt.
Danke, daß du mir auch schon Engel geschickt hast,
als es mir nicht gut ging und ich Hilfe brauchte.

Der kleine Engel

Miriam wartete ungeduldig darauf, daß die Haustür ins Schloß fiel. Schließlich hatte sie sich doch für heute etwas ganz besonderes ausgedacht. Endlich! Mutter ging zum Einkaufen. Jetzt war die Luft rein und sie konnte ihren Plan in die Tat umsetzen.

Blitzschnell zog sie sich das Engelskostüm an, das sie gestern von ihrer Freundin Katja ausgeliehen hatte. Es war aus feinem weißen Stoff genäht, mit kleinen Glitzerperlen bestickt und auf dem Rücken waren zwei goldene Flügel festgesteckt. Es paßte ihr wie angegossen und sie bewunderte sich im Spiegel. »Ja, so sieht ein echter Engel aus!«, nickte sie zufrieden.

Jetzt konnte es losgehen. Sie hatte sich vorgenommen, gute Dinge zu tun und ihrer Mutter im Haushalt zu helfen, eben wie ein echter Engel!

Aber so, daß Mutter nicht ahnen konnte, daß ihre Tochter dahintersteckte.

Dafür hatte sie sich auch etwas Geniales ausgedacht: Sie hatte aus Mamas Mäppchen den goldenen Stift genommen und kleine Zettelchen ausgeschnitten, auf die sie dann eine Botschaft schreiben wollte. Mit verstellter Schrift natürlich!

Als erstes ging Miriam, oder besser: der Engel Miriam, in die Küche. Sie räumte das Geschirr in die Spülmaschine und fegte den Boden. Zuletzt legte sie einen Zettel mit folgender Nachricht auf den Tisch:

File krüse fon einem ächten Engell!

Dann ging sie ins Arbeitszimmer ihrer Mutter und sortierte die vielen Blätter und Briefe auf ihrem Schreibtisch in mehrere Stapel. Auch hier hinterließ sie eine Botschaft:

das war ein gans ächter Engell!

Da Miriam nun jeden Moment die Rückkehr ihrer Mutter erwartete, verließ sie schnell die Wohnung. Sie schlich durch das Treppenhaus in den Keller. Hier gab es bestimmt Arbeit für einen Engel.

Ja! Mutter hatte fertige Wäsche in der Maschine, die sie zum Trocknen aufhängen konnte. Außerdem wollte sie in das Chaos aus Werkzeugen, Farbeimern,

Altpapier, Flaschen und sonstigem Gerümpel etwas Ordnung bringen.

So war Miriam bis zum späten Nachmittag beschäftigt. Und überall hatte sie die Engelszettel hinterlassen.

Nun war sie ganz aufgeregt, wie Mama wohl reagieren würde, wenn sie merkte, daß jemand ihr Arbeit abgenommen hatte.

Sie zog ihr Kostüm aus, versteckte es vorerst im Keller in einer Kiste und klingelte an der Wohnungstür.

»Hallo, da bist du ja! Wo warst du denn?« fragte Mutter sie.

»Ach, ich war bloß spielen, sonst nichts!« gab Miriam ganz cool zur Antwort.

»Sag mal, hast du vielleicht einen Engel hier im Haus gesehen?« fragte Mutter Miriam.

»Was, einen Engel? Nööö, wieso?« stellte sich Miriam gekonnt dumm.

»Stell dir vor!« erzählte ihre Mutter. »Als ich nach Hause kam, war die Küche sauber gemacht und das Geschirr weggeräumt. Und auf dem Tisch fand ich diesen Zettel hier.«

Damit reichte ihr Mutter die Botschaft und Miriam tat so, als ob sie den Zettel mit Detektivaugen untersuchte. (Dabei war sie ganz froh, daß Mama ihr Grinsen nicht sah, welches sie sich einfach nicht verkneifen konnte.)

»Seltsam, seltsam« sagte ihre Mutter und schüttelte leicht den Kopf.

Miriam spielte die perfekte Nichtsahnende und fühlte sich so richtig gut in ihrer Rolle.

Sie ging in ihr Zimmer und machte ihre Hausaufgaben. Doch so richtig konzentrieren konnte sie sich heute nicht, denn sie lauschte angestrengt, wann Mutter ihr Arbeitszimmer betreten würde. Dann endlich kam der erwartete freudige Aufschrei!
Später beim Abendessen mußte sich Miriam alle Mühe geben, nicht laut loszulachen, als Mutter ihr von der Hilfe des Engels im Keller erzählte. »Schade, ich hätte ihn doch zu gerne gesehen und mich bei ihm bedankt!« sagte Mutter.
»Aber Mama! Engel wollen doch nicht gesehen werden!« erklärte ihr Miriam.
Am Abend schlüpfte Miriam zufrieden ins Bett.
»Das ist mir wirklich gut gelungen! Mama hat gar nichts gemerkt! Und wie sie sich gefreut hat!« Miriam war richtig stolz auf sich.
Sie stand noch einmal auf, um ihr Fenster zu schließen, das Mutter immer vor dem Schlafen zum Lüften weit öffnete.
Da sah sie etwas Glitzerndes auf ihrer Fensterbank liegen. Miriam holte es herein. Es war ein kleines Päckchen in Silberfolie mit einer Karte daran. Darauf stand:

>>*Lieber Engel!*
Ich möchte mich ganz herzlich bei Dir bedanken,
daß Du mir so lieb geholfen hast.
Deine Hilde!«

Miriam war sprachlos! Jetzt hatte Mama doch tatsächlich dem kleinen Engel ein Geschenk gemacht, weil sie sich so über ihn gefreut hatte. Und dann hier auf das Fensterbrett gelegt, damit es sich der Engel holen konnte, wenn er das nächste Mal wieder vom Himmel auf die Erde herabkäme.

Miriam packte das Geschenk aus. Es war eine ganze Tafel Schokolade. Mit Erdbeerfüllung! Hhmm. Ausgerechnet ihre Lieblingssorte!

Sie legte die zerknitterte, leere Folie wieder zurück auf die Fensterbank und nahm die Schokolade mit ins Bett.

Sie aß im Dunkeln und freute sich bei jedem Biß. Dabei hatte sie auch gar kein schlechtes Gewissen, denn schließlich war sie ja der Engel höchstpersönlich!

Anregung

Überlege doch einmal, wie und für wen du ein Engel sein könntest.

Hier ein paar Ideen:

- Einkaufen gehen für jemand Älteren aus deiner Nachbarschaft
- mehr im Haushalt mithelfen
- einen Krankenbesuch machen
- mit deinem kleinen Geschwisterchen spielen oder ihm bei einer schwierigen Aufgabe helfen
- einen Kuchen für den Besuch bei Oma und Opa backen
- ein Willkommens-Schild malen und an die Tür hängen, bevor die anderen Familienmitglieder nach Hause kommen

»Immer wenn es blitzt und donnert,
dann denke ich,
jetzt machen die Engel wieder ein Foto von uns.
Dann lach' ich ganz schön,
damit der liebe Gott im Himmel weiß,
daß es mir gut geht!«

Simon, 6 Jahre

»Engel wohnen in den Wolken.
Sie haben sich dort versteckt, weil sie nicht wollen,
daß wir Menschen sie sehen.
Aber wenn es uns mal nicht gut geht,
dann schickt sie Gott vom Himmel runter
und dann legen sie ihre unsichtbaren Arme um uns.
Dann geht's uns gleich wieder besser!«

Julia, 7 Jahre

Gibt es eine Antwort auf Gott?

> Jedes Kind
> bringt die Botschaft,
> daß Gott die Lust
> am Menschen
> noch nicht verloren hat.
>
> *Rabindranath Tagore*

Für mich steht fest: Kinder selbst *sind* eine Antwort auf Gott! Sie sind für mich lebendiges Zeichen der Existenz Gottes.

Gibt es denn ein größeres Wunder als die Schwangerschaft, die Geburt und das Aufwachsen eines Kindes?

Natürlich weiß ich um die biologischen und sozialen Prozesse, die hierbei stattfinden. Aber das reicht mir nicht aus, um faßbar zu machen, wie neues Leben entsteht und sich zu einer eigenständigen Persönlichkeit entwickelt.

Ich glaube, mit dem Elternwerden ist uns gleichzeitig ein wunderbares Geschenk gemacht worden: erleben zu dürfen, wie ein Mensch heranwächst und sich zu einem einzigartigen und wunderbaren Individuum entwickelt.

Ich habe in meinem Leben schon oft gestaunt über Ereignisse, die mich bewegten und mir wie ein Fingerzeig erschienen. Doch nichts hat mich je mehr in meiner Seele berührt, als das Geschenk, Mutter zu sein.

Dabei ist es bei weitem nicht so, daß ich sie nicht kennen würde: jene Situationen und Tage, an denen ich mir meine Kinder am liebsten weit weg auf den Mond gewünscht hätte, weil ich furchtbar genervt und überlastet war.

Ich rede hier jedoch von den kleinen Ausschnitten, den ganz großen Momenten: davon, wie sich zwei kleine Babyärmchen zärtlich um meinen Hals legen, wie mir ein offener Blick aus großen Kinderaugen mitten ins Herz sieht, wie sich ein kleiner Körper vertrauensvoll an mich schmiegt, wie das glucksende Lachen meiner Kinder mir Musik in den Ohren ist, wie sehr mich über kleine Wangen laufende Tränen selbst schmerzen, ...

In solchen Momenten habe ich mich immer wieder gefragt:

Wie kann es nur sein, daß ein so wunderbares Wesen aus mir selbst hervorgegangen ist? Wie kann es sein, daß ein so kleiner Mensch schon so viel von der Liebe weiß? Wie kann es sein, daß jedes Kind für sich so verschieden und so anders ist, so einzigartig? Wie kann ich der Aufgabe und Verantwortung gewachsen sein, dieses Leben an die Hand zu nehmen und ihm einen Weg zu zeigen? ...

Solche Momente waren und sind für mich spiritueller Natur. Ich spüre, daß es da noch etwas weitaus Größeres geben muß, als das, was ich mir mit meinem Menschenverstand erklären oder in schlauen Büchern nachlesen kann. Ich erfahre hier ein erlebbares Vertrauen dahinein, daß es eine Kraft gibt, die meinem Leben Sinn macht, mich stärkend begleitet und mich in schweren Stunden trägt: Gott. Kinder sind für mich die größten Wunder der Erde und der lebendigste Hinweis auf Gottes Existenz.

Auch, wenn mir oft die Puste auszugehen droht, die es braucht, um meiner Mutterrolle gerecht zu werden, so bin ich dankbar für die wunderbaren Kinder, die mir gegeben sind und durch die ich (unter anderem) die Chance bekam, mich zu der Frau zu entwickeln, die ich heute bin. Und täglich wird mir bewußter, welch »großes Los« ich mit meinem geliebten Mann gezogen habe, der diese doch nicht einfache Aufgabe mit mir teilt und trägt.

Für mich ist Gott lebendig auch und vor allem durch meine Kinder zu spüren, jeden Tag aufs Neue. Dazu bedarf es, für jene alltäglichen und doch so besonderen Augenblicke wachsam zu sein und mich ihnen in Liebe zu öffnen. Diese Herausforderung anzunehmen heißt für mich, den Glauben im Alltag zu leben, trotz mancher (zugegebenermaßen oft selbstkonstruierter) Hindernisse.

Nicht umsonst hängt in meinem Zimmer folgendes Gebet:

Ich bitte nicht um Wunder und Visionen,
Herr,
sondern um die Kraft für den Alltag.
Lehre mich die Kunst der kleinen Schritte.

Antoine de Saint-Exupéry

Weiterführende Literatur

Für Kinder:

Arbeitsgruppe Katechismus (Hg.): Erzähl mir vom Glauben. Gütersloher Verlagshaus, Gütersloh, 1993.

Belaundé, Yvonne/Prigent, Andrée: Was ist das, das Leben? Stuttgart: Kreuz Verlag, 1997.

Burningham, John: Was fällt euch ein?! Hamburg: Carlsen Verlag, 1999.

Gellmann, Marc/Hartman, Thomas: Wo wohnt Gott? Hamburg: Carlsen Verlag, 1999.

Gruber, Elmar: 365 Kindergebete. Freiburg: Herder Verlag, 1990.

Hastings, Selina: Illustrierte Bibel für Kinder. Augsburg: Pattloch Verlag, 1994.

Heinen, Christiane: Meine allerersten Gebete. Freiburg: Herder Verlag, 1998.

Holzing, Herbert/Jooß, Erich: Sonne, Mond und Sterne. Würzburg: Echter Verlag, 1997.

Horvath, Maria/ Mayer-Skumanz, Lene: Der liebe Gott ist traurig. Innsbruck: Tyrolia- Verlag, 1998.

Lunkenbein, Marilis: Mein großes Buch der Kindergebete. Augsburg: Pattloch Verlag, 1993.

Maier-F., Emil: Bilderbuch-Bibel. Stuttgart: Verlag Katholisches Bibelwerk GmbH, 1980.

Marks, Anna E.: Die Bibel. Augsburg: Pattloch Verlag, 1998.

Scharfenstein-Richter, Claudia: Was macht der liebe Gott im Himmel? Augsburg: Pattloch Verlag, 1998.

Treitmeier, Manuela: Kommt mein Hund in den Himmel? Freiburg: Herder Verlag, 1996.

Weth, Irmgard: Neukirchener Kinder-Bibel. Neukirchen-Vluyn: Kalender-Verlag des Erziehungsvereins, 1988.

Zink, Heidi und Jörg: Gebete für Kinder. Stuttgart: Kreuz Verlag, 1985.

Für Eltern:

Anschütz, Marieke: Religiöse Erziehung. Stuttgart: Verlag Urachhaus, 1992.

Haug-Zapp, Egbert/Mühle, Heidi (Hg.): Wenn Kinder nach Gott fragen. Reinbek bei Hamburg: Rowohlt Verlag, 1995.

Hoffsümmer, Willi: Gott und die Welt der Kinder. Freiburg: Herder Verlag, 1999.

Hull, John M.: Wie Kinder über Gott reden. Gütersloh: Gütersloher Verlagshaus, 1997.

Scheilke, Christoph, Thomas/Schweitzer, Friedrich: Kinder brauchen Hoffnung. Gütersloh: Gütersloher Verlagshaus, 1999.

Schindler, Regine: Zur Hoffnung erziehen. Lahr: Verlag Ernst Kaufmann, 1999.

Schulz, Heinz Manfred: Was macht Gott den ganzen Tag? Mainz: Matthias-Grünewald-Verlag, 1998.

Schweitzer, Friedrich: Lebensgeschichte und Religion. Gütersloh: Chr. Kaiser/Gütersloher Verlagshaus, 1999.

Sedivy, Marianne: Über Gott und Gummibärchen. Freiburg: Herder Verlag, 1996.

Steenberg, Ulrich: Laß deinem Kind ein Geheimnis. Freiburg: Herder Verlag, 1998.

Steinhilper, Rolf (Hg.): Eltern und Kinder – miteinander glauben, füreinander leben. Stuttgart: Quell Verlag, 1993.

Tschirch, Reinmar: Gott für Kinder. Gütersloh: Gütersloher Verlagshaus, 1993.

Zink, Heidi und Jörg: Kriegt ein Hund im Himmel Flügel? Offenbach: Burckhardthaus-Laetare Verlag, 1992.